ビジネス価値を創出する「匠Method」活用法

萩本 順三［著］

はじめに

私は1990年代の半ばからソフトウェア開発という仕事を通じて、複雑な作業を複数人で行うための知的方法に関心を持つようになりました。ソフトウェアを複数人で開発するためには、複雑な構造を互いに共有し、理解し合う必要があります。私は、ソフトウェアエンジニアの重要な仕事の一つとして、ソフトウェアへの説明責任があると考えていました。その想いからソフトウェア開発の「手法」を手掛けるようになりました。

一方で、ソフトウェア開発手法をビジネスに応用すれば、さまざまな局面で有効に活用できるのではないかと考えるようになりました。ビジネスも関係者間で複雑な構造を共有し、理解することは同様で、またそうした必要性が高まっていたからです。このような想いにより2004年頃から、汎用性のあるビジネス手法（ビジネスエンジニアリング）の開発をはじめました。同時に大きな決断として、既存のビジネス手法を応用せず、自らの蓄積した知識と、感性を頼りにオリジナルのビジネス手法を創ろうと思ったのです。

当時、私にとって、世にあるビジネス手法に納得のいくものがありませんでした。既存の手法をベースにしてしまうと良いものは生まれないと思いました。私の考えていたビジネス手法は、エンジニアリングという論理的な領域に留まるものではなく、美しいものを感じるような感覚的な領域を含めたものでした。しかし、そのような手法はどこにも存在していませんでした。そこで自分で一から創り上げる方が良いものができる可能性が高いと感じていたのです。

このように、まったく新しい考え方を創りだす場合には、既存の知識を学びながら組み立てるよりも、自分の頭で考え、心で感じ、行動を通して洗練化させていく方が効率的だと思います。身体化されていない知識は、考えを既知の言葉にした段階で感覚的な領域を欠落してしまうものが多いからです。私の決断は、開発過程において、己の能力の限界が見えてしまうという不安を自分にもたらしましたが、他方で、ひとりの人間の脳が持つ、限りない創造性を信じてみようという自負にもつながりました。

なぜ、人間の脳の限りない創造性を信じようと思ったのか？
それは、私自身が優れた脳を持っているとは言いがたい凡人だったからです。高校、大学は体育推薦で進学できましたが、成績も中の下、記憶力も普通以下だと思います。社会人としても前職の経理、エンジニアとしてIT業界に入った時も当初は落ちこぼれと言ってもよいかもしれません。しかし、仕事に対する情熱だけは人一倍あり、いつの間にか他者からは「できる人」に思われるようでした。IT業界に27歳で入ってからも、高い志を持ち、一歩一歩駆け上っていくうちに、1年程でエンジニアとしても一人前となり、苦手だと思っていた創造的な仕事も徐々にできるようになりました。

私が同僚の若いエンジニアに負けないように一所懸命に努力したのは、日々の仕事を覚えることだけではありませんでした。常に効果的な思考法を心掛けることで、自分の能力が上がっていったように思います。また思考法の中では、情熱を持続させるための考え方や心の持ち方を強く意識しました。この経験から、人の才能や創造性は訓練次第で向上することが可能なのではと思いました。また、その訓練法を「手法」にできるのではとの考えに至りました。

さらにいえば、私は、人間の脳の限りない創造性を信じることが、自分を伸ばすということを自らの脳を実験台にして証明しようと考えたのです。実は、本書で解説するビジネス手法「匠Method」は、私の脳を実験台にして創りだしたものなのです。

「匠 Method」は、「使っていると自分自身を問われるメソッド」と言われることがあります。それは、人間の脳の創造性を信じ、それを起点として創り上げた手法であるからではないでしょうか。「匠 Method」は、論理的に構造化していく思考（システム思考）からスタートし、そこに感性的な思考（デザイン思考）を融合させ、２つの思考を行き来させることで創造性をはぐくむ手法です。私が考えるビジネスエンジニアリングとは、「人が感じたものを価値として描き、それを業務や IT システムとして作る」ことであり、システム思考にデザイン思考を加えたものです。その手法としての現在のカタチが「匠 Method」です。

「匠 Method」を作り上げる過程で重視していたことは、「ふつうの中にある創造性の発見」でした。誰もが分かる、特殊な知識を必要としない普段のなにげない仕事の中から、創造性のある方法を発見することです。人が複数人で仕事を行う際に、シンプルな方法を目指すことで、誰でもが使える汎用的手法を目指したものです。

また、「匠 Method」は、「価値」の設定から手法のデザインをはじめます。これは普遍性の追求というよりも、変化の激しい時代に合わせてアレンジしたものです。人は通常、やりたい事、やるべき事（要求 / 課題）からものごとを考えますが、「価値」からデザインすることで、旧来のビジネス慣習からの脱却を図り、時代の変化に対応する創造的な価値を構造として創り上げることができるようになりました。

本書の後半では、「匠 Method」をベースとしたブランディング・メソッド（匠 Method for BRANDING）の話を展開しています。デザイン思考の究極的な効果は、ブランドと組み合わせることでもたらされるからです。「デザインされた価値」をブランド化して、社外・社内に展開することで、ビジネスを有利に進めることができます。「匠 Method」は元々ブランド創りを意識していますが、実際の見た目のデザインなどは含まれていませんでした。そこで、「匠 Method」をベースとしたブランディング・メソッド（匠 Method for BRANDING）を策定すると同時にブブランディング・サービス「ArchBRANDING」（アーチブランディング）を立ち上げました。

将来は、デザイン思考にブランドが組み合わせられた手法が世界のどこからか出てくるでしょう。「匠 Method for BRANDING」はその先取りであり、ブランディングをテーマとするプロジェクトに向けて、デザイン思考とシステム思考を融合させるための方法です。私たちはサービスを立ち上げたばかりですので、「ArchBRANDING」そのものの立ち上げを事例として紹介しています。

近年、IT（情報技術）の発展により、ビジネスは大きく進化してきました。しかし、複数人で目的に向かって活動するための手法については、ほとんど進化できていません。IT もビジネスも進化したのに、置いてきぼりにされているのは、人間の思考法なのです。この思考法を「匠 Method」や「ArchBRANDING」のように手法化し、公開することで、ビジネスパーソンが新たな時代をデザインすることができる創造的な知識として受け止めていただき、豊かな社会やビジネス創りに役立ててほしいと強く願っています。その想いが本書を書く強い推進力となりました。

萩本　順三

推薦のことば

「日本のソフトウェアが価値を創造するために」

現在、日本のソフトウェアは大きな転換期を迎えています。「使い手」と「作り手」を分断した請負契約の発注の中で、作るものの価値を感じることができないままに仕様書の通りにものを作る開発では、スピードも喜びも、イノベーションも生まれないことに多くの人が気づきはじめているのです。

「アジャイル開発」、「デザイン思考」という手法が注目されてきましたのもこの流れの中にあります。作り手が使い手に共感し、使い手の課題解決に真剣に向き合わなければ、喜ばれるものは作れないし、売れる製品も作れません。また、使い手も、どんどん新しくなるテクノロジーの力を知らなければ新しい価値を作るのが難しくなっています。

匠 Method はそこにオリジナルな言葉で、独自の手法を切り拓きました。使う言語はモデリングです。しかし、「どのようにこれを作るのか」という従来の手段方向のモデリングではなく、「誰にとってこれは嬉しいのか」という価値方向のモデリングに力点が置かれています。これらがあいまって、作り手と使い手の価値の交歓がうまれるのが、匠 Method だと私は理解しています。そこにさらに、人を共感に導く言葉をちりばめていき、参加者たちがいきいきと仕事する場をつくることができる、そんな手法です。

匠 Method は、日本が大切にしてきた「言葉」の力と、ソフトウェア工学に起源を持つ「モデリング」という手法によって、共感をベースに置く日本発のアジャイル手法といえるでしょう。

平鍋 健児
永和システムマネジメント　代表取締役社長
チェンジビジョン 代表取締役 CTO

CONTENTS

第 1 章

デザイン思考とシステム思考の融合

第1章 デザイン思考とシステム思考の融合

本書で語る本質的なことは、デザイン思考とシステム思考の融合です。ここでいうデザイン思考とは、いままさに流行しているデザイン思考の具体的な手法のことではありません。Wikipediaで冒頭に書かれている言葉を借りて言うと「デザイナーがデザインを行う過程で用いる特有の認知的活動を指す言葉」のニュアンスで使っています。これを私なりの解釈で表現すると、「デザイン思考＝直観的かつ感性的な発想を重視する思考法」となります。

一方、システム思考とは、システム工学から発展した考え方で、平たくいうと、「システム思考＝論理的な構造を重視する思考法」となります。この「システム」という言葉はコンピュータシステムという意味ではありません。ここでの「システム」とは人間を含めた「構造化された活動」のことです。

私は、メソドロジストとして長年、手法開発を行ってきた過程で、複雑多様化した社会やビジネスをまとめてより良い方向へ導くための手法をつくるべきであるという結論に行きつきました。ここでの「より良い方向」とは、人が生きがいを感じながら幸せに生活したり、仕事したりできる、そんな世界への方向です。

このようなことを実現するためには、デザイン思考（感性的）で価値を描き、システム思考（論理的）でその価値を実現するためのシステムを考えるという二つの思考法が必要とされるのではないかと思うようになりました。

デザイン思考だけでは魅力的な社会やビジネスを描けたとしても、どう実現するかが分かりません。また、システム思考だけでは、実現方法は構造として示せても、その実現方法が、どのような社会へ導くのか、あるいはどのような価値を生みだすビジネスなのかというところに行き着きません。システム思考だけでは、いま存在するモノ（たとえばユーザーからの要求）を対象に実現のための構造を作り上げることはできても、新たなビジネスやサービスを試行するなかで、ユーザーも気づいていないような「未来の価値」を創り出すことができないからです。

このシステム思考とデザイン思考という2つの思考法を、一人の人間が持ったり、チームで持ったりするためには、とてもシンプルであり本質的な手法が必要となります。この2つの思考は、すこし乱暴に言うと右脳的、左脳的であり､その両方を手法として鍛えることは今まであまり行われてきませんでした。

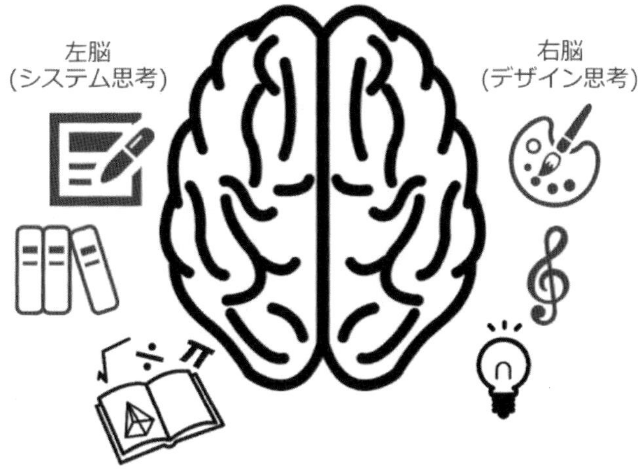

図 1.1 デザイン思考とシステム思考

現在、まさにこの2つの思考法を身につけた人材が必要とされていますが、残念ながら現在の企業組織では、デザイン思考とシステム思考がバラバラの部門で行われています。たとえば企画部門がデザイン思考的、システム開発部門がシステム思考的に展開されるといった具合です。このように2つの思考を別々の組織に分離する程､「価値」を生み出すには非効率なものとなり、ビジネスのイノベーションにもつながりません。ビジネススピードが問われる昨今、このデザイン思考とシステム思考を一人あるいは1チームで行い、それらの思考を互いにフィードバックする仕組みが必要とされています。それが、本章で説明する、「表現」と「活動」です。これは「デザイン思考＝表現」、「システム思考＝活動（活動に行き着くまでの論理展開）」ということを意味しています。

ソフトウェア工学を学びながら

私は、ソフトウェアエンジニアとしてIT業界に27歳で飛び込みました。それまでは経理の仕事をしており、その中でコンピュータと出会い、プログラムに少し関わることになりました。そこが大きな勘違いだったのかもしれませんが、エンジニアになれるのではと思ってIT業界の門を叩きました。

それから数年、年少の先輩たちについていけるように、プログラムの仕事をする傍らで、猛勉強でソフトウェア工学を独学し、当時としては先端的な技術をもったスティーブ・ジョブズ開発のNeXTというパーソナルワークステーションを借金までして購入し、最新のソフトウェアエンジニアリングを学んでいきました。このような突貫工事でシステム思考（論理思考）を鎧として身につけて、一応は人前で話ができるエンジニアになったわけです。しかし、本来私は、論理的な側面だけで物事を考えることは苦手で、人の心にある曖昧なものや、突拍子もない発想、カタチがハッキリしないものにとても興味があるのです。また、元々ド素人だったコンピュータに対しては、「これは本当に人の役に立つのだろうか？」、「このシステマチックにやっていることがビジネスにどう役立つのだろうか？」という自問自答の連続でした。30歳を過ぎたころからは、ソフトウェア工学の方法に疑問を感じるようになりました。

オブジェクト指向から人の認知の世界へ

私はソフトウェアエンジニアとして一流であることをめざしながらも、他人から見れば一風変わった視点を持っていることを自覚していました。それは、「自分は一流エンジニアを目指し、その過程を通して、自分の考え方を手法としてカタチにしたい」というものです。この想いはエンジニアとなった当初から少なからずあったのです。
なぜ、そのような想いを抱いてきたのだろうかと振り返ってみると、次のような思考の趣味性？からくるものだと思います。

- **複雑な構造をシンプルな構造として説明することこそ、ソフトウェアエンジニアの仕事の本質である。**
- **複雑な世界は、ソフトウェアだけではなく、仕事すべてに存在している。その複雑性をシンプルで共通的な本質として解明することができるのではないか。それができれば嬉しいし、おそらく一生仕事に情熱を注ぐことができる。**

このような考え方を持ち始めた根底には、ソフトウェア工学を独学する中で、オブジェクト指向技術との出会いがあり、その影響が大きいと思います。オブジェクト指向とは、ソフトウェアの構造を「モノ」を単位として作りあげるプログラミング技術であり、考え方でもあります。私はこの、人の認知の単位である「モノ」に着目した考え方がとても魅力的に思えて、どんどん引きこまれていきました。なぜ魅力的に思えたかというと、ソフトウェア開発はコンピュータに向かって仕事をしているのにも関わらず、まるで人の思考の世界を探求しているかのような感覚を持てるからです。この感覚が、私の中で、現在の仕事を通して、人の新たな思考法を生み出せる可能性につながるのではと思えるきっかけをつくってくれました。

そこで、オブジェクト指向の考え方、全体像の探求をはじめました。1970年にゼロックスパロアルト研究所でアラン・ケイらがオブジェクト指向プログラミング環境（Smalltalk）を作り、子供でも「モノに指令を出す」という分かりやすいプログラミング環境を開発したことを知りました。また、スティーブ・ジョブズが、これらのアイデアに触れて、アップル社で、Lisa や Macintosh を開発したということも知りました。これは有名な話です。私は、先述したように、Lisa や Macintosh を開発後、アップルから追放されたスティーブ・ジョブズの作った NEXT 社の NeXT Step というマシンを購入して、最先端のオブジェクト指向環境を学びました。同じころに Smalltalk も学ぶこととなったので、こうした関係には不思議な縁を感じます。

オブジェクト指向の歴史を調べていくうちに、その考えが「構造主義」を基にしていることも分かりました。構造主義の基であるフェルディナン・ド・ソシュールという言語哲学者（1857 年 11 月 26 日 - 1913 年 2 月 22 日）の存在を知り、ソシュールを学びはじめました。学んだといっても多少かじった程度ですが、構造主義にオブジェクト指向の本質があるのではと感じました。アラン・ケイらがオブジェクト指向プログラミング環境をめざした時に人に認知しやすい環境として「モノ」という単位を提供したのですが、その根底に、ソシュールのシニフィアン（記号、文字）、シニフィエ（概念、イメージ）が存在しているはずと考えたのです（注）。彼らは、直接的あるいは間接的に、ソシュールの学問を応用したと考えられます。

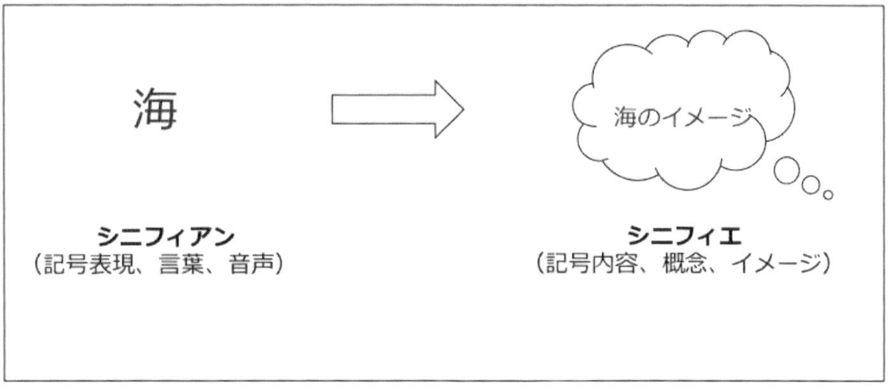

図 1.2　人はシニフィアンを通してシニフィエを理解する

（注）オブジェクト指向プログラミングでいうと、シニフィアンは変数、シニフィエは実体となり、オブジェクト指向のポリモーフィズム（Polymorphism）は、変数（シニフィアン）に対して実体を動的に変化させることで、抽象操作（シニフィエが異なっていても動作する）を可能としています。これによりソフトウェアシステムの複雑性を隠蔽した抽象操作を実現していることになります。人が抽象的な言葉で具体的な概念を理解しあえるという非常に優れた能力をソフトウェアプログラミングにもたらしました。

このシニフィアンとシニフィエの関係が、人の認知に大きく影響しているということを理解できた時に、この考えを活用することで複雑なシステムを理解可能な状態に維持することや、人の価値観、あるいは何かをすべき、したい、などの欲求という曖昧な概念をカタチにできるヒントがあるということが分かりました。

人は言葉を通して概念を理解していますが、同じ「言葉」であっても「概念」は同じではないという、とてもあたりまえのことを意識できていないのが人間なのだと思います。

私は、これを明確に意識できる方法を開発することこそ、ビジネスシステムをデザインする上で最も大切なことなのだと考えました。この意識には２つの側面があります。この２つの側面は背反することですが、２面性を有効活用することによって、匠Methodを手法として洗練化する際の目標であり、私がソシュールやオブジェクト指向から学んだことなのです。

・曖昧性を排除すること
言葉の指す概念を明確にすること。曖昧性をなくして皆で同じものを見る
・本質面での抽象理解を促進すること（曖昧さを許容する）
本質的な言葉を共有し、詳細を排除する。ヒトは、本質さえ理解すれば、強い結束力を持てる

人の心を工学として取り扱いたい

私の想いは、ソシュールとの出会いにより、ソフトウェアエンジニアリングの領域を飛び越えると同時に、もう少し“人の心”を工学として取り扱いたいと思うようになりました。これは私のビジネスエンジニアリングという学問を作りたいという考えにつながります。それはちょうど私がソフトウェア開発の方法論（オブジェクト指向開発方法論Drop）を開発し始めた1994年頃の話です。もともと、自分で開発方法論を作ろうと思ったのは、当時大流行していたオブジェクト指向開発方法論（ソフトウェアを人間が理解できるモノを単位に設計開発するための手法）に対して疑問を感じていたからです。ここでまた自分で作った方が良いものができるのだという二回目の「勘違い」を起こしてしまったのですが、その後が悲惨で、どうもがいても自分の考えを手法に落としこむことができず、結局完成までに５年くらい歳月がかかりました。

実は、この方法論を作る過程でも自分の中のシステム思考に限界を感じました。それは、ある程度、方法論が書けるようになった頃のことです。論理的に書けば書くほど自分の考える良い方向から遠のいてしまうという不思議な現象に遭遇したのです。手法的に考え出した方法論は一見すると教育的にも展開することができ、良い方法に見えるものです。しかし、単純なことがらにも多大な時間を要してしまい、実際のビジネスでは使えないものになってしまうことが多発しました。私としては、もっとプロフェッショナルな水準で使える手法にしたかったのですが。

このような現象を私は「論理的美の虚像」と名付けました。それは、論理的な美だけを追求すると虚像を追いかけることになってしまうということです。こうした「虚像」を適切に排除して、手法を洗練化することに意欲を燃やしました。自分なりに考え抜いて、たどり着いたことは感性的な発想を組み込むやり方でした。つまり人が感じるものや感じたことをカタチにするというものです。

株式会社豆蔵の設立、要求開発の方法論へ

「人が感じるもの、感じたもの」とは、人の脳を刺激するものであり、たとえば直観といったものです。私が命名した「論理的美の虚像」に陥ってしまう手法と、直観を組み込んで形にした手法との違いを研究し始めました。このような追求によって明快に手法として表せるようになったのは、2004年頃にソフトウェアシステム開発の前段階で必要とされる手法（要求開発方法論）に携わっていた頃のことです。当時、エンジニア仲間たちと数年前に立ち上げた株式会社豆蔵の役員として、開発方法論を策定しており、私のミッションは、要求開発方法論を業界の人たちを巻き込んで開発することでした。実際には、現場でコンサルティングをしながら、その内容を手法化していきました。手法の完成度としては、ビジネス戦略の「見える化」という領域までたどり着き、ほぼ達成できたと感じました。仮説的な戦略を立てて、業務手段やIT手段を絞り込めれば、「論理的美の虚像」は排除できると思ったのです。世にいう戦略

には「選択と集中」という考えがあります。それは仮設を立てる考えに通じています。したがって、戦略を立案し、そこからやるべき事を絞り込むことを考えました。つまり、プロフェッショナルな技を「直観＝狙い撃ち（絞り込み）」であると考えたのです。

これには、一定の効果がありました。ただ、払拭できないこともありました。戦略を「見える化」していく中で、戦略そのものが「絵に描いた餅的なもの」であるとか、具体的な効果をあまり考えていないものになっている場合を多く見かけたのです。

政府系プロジェクトに見る日本のITの限界

私は、2006年頃から豆蔵と兼務で、総務省の技術顧問や内閣官房のGPMO（ガバメントプログラムマネジメントオフィス）補佐官を任され、そこで「要求開発方法論」を政府のシステムに取り入れていく活動を始めました。既に先行する手法があったために、なかなか進捗せず、直面したシステム開発の手助けをしていました。いわば内側から日本の大規模ITシステムの実態を見ることになりました。

そのころから「このままでは、日本のユーザー企業はIT活用ができず、IT企業（SIer）も世界から孤立してだめになってしまう」という危機感が強くなりました。価値を生み出せず巨大化するITシステム。その要因は、IT企業の古典的な開発手法としての、ユーザーの要求を獲得まで待ち続ける業務慣習にあるのではないかと考えました。また日本では、新たな方法を欧米から取り入れることには熱心ですが、自ら新たな手法を生み出そうという開発者が極端に少ないのです。このままでは日本で、ITを組み込んだ社会・文化の形成ができず、ますます世界から立ち遅れるのでないかと考えました。

さらに当時は次のような問題意識もありました。大手企業では内部統制、コンプライアンス等々の取り組みが先行し、攻めの戦略が激減した印象があります。新たな価値を生み出す取り組みは日常業務の中で見失われ、守りのスキルばかりが蓄積されて下を向いて仕事をしている人が多かったように思います。

私は、こうした息苦しい日本を立ち直らせるような、皆が元気になる手法を作れるのなら、最期までやり続けてもいいと思ったのです。「日本を立ち直らせる」というのも勘違いといわれるかもしれませんが、その想いはどんどん強くなっていきました。

強い想いをもって、私は豆蔵を辞め、新しい会社を立ち上げました。人が生きがいを感じながら幸せに生活したり、仕事したり、そんな世界を創りだす手法を作り、その中だけでビジネスをやろうと考えたのです。

「価値」をデザインし、戦略を創りだす

私は要求開発方法論をベースに「匠Method」という方法を作り上げました。「匠Method」は、「論理的美の虚像」を排除する究極の方法として、「価値」を思考することから開発を始めるという方法を採用しました。具体的な「価値」をイメージした言葉やストーリーなどによって、やるべき事を絞り込むことが、もっとも大切なものを外さずに、短期間で進められるプロフェッショナルなアプローチであるという想いに至りました。その過程で、価値とは何かということを追求し、新たなモデル（形式的な図）を取り入れました。

「匠Method」を使う場合、戦略を定義する前に、まず「価値をデザインする」ことから始めます。「価値記述」の要素のなかから戦略を創りだせるようになりました。これにより、戦略が「絵に描いた餅」にならず、「価値」で検証された考えとなります。また、業務慣習についても、「デザインされた価値」で問われることで、無理無駄が生み出されることを防ぐことができるようになります。このような方法を実践する中で、要求開発方法の時代からすると考えられない

ほど、若いメンバーたちがノリノリで「匠 Method」での開発業務を遂行しています。戦略立案についても気軽に考えられるようになっているようです。

現在、若い方々に「匠 Method」を教える機会として、慶應義塾大学大学院システムデザインマネジメント研究科や早稲田大学 理工学術院での授業を行っていますが、学生たちからはとてもよい反応があります。やはり「価値からデザインする」というやり方が多くの人に受け入れやすいものなのだと受け止めています。

結局のところ、「匠 Method」とは私が実践してきた、自分変革のカタチです。それは一人の人間の活動にも応用できるものでもありますし、また大きなビジネスや社会を変える原動力にもなり得るものでもあると思っています。

私という凡人の脳でやり続けてきたことは、自分の脳から出てくる感性を最後まで信じながら、一方で世の中の考え方を学び、咀嚼し、自分の考え方と組み合わせて、方法として生み出すことでした。「勘違い」と述べたように、自分の能力がまだ不十分のうちに大きなビジョンを定め、それに向かって地道に一歩一歩課題をクリアしてきた中で、自らの意識変革を何度も経験しました。

中でも、「匠 Method」で開発過程に「価値モデル」を導入した時の最大の難関は、自分の感性を磨くということでした。花を見て美しいと感じること、ステキな音楽や絵を見て、その作者の生きざまを知り感動し涙すること、素晴らしい商品を見て驚き、その商品の開発ストーリーを知って心から憧れること、そのような感性の触発に鈍感だった私が、気持ちを開き、意識的に感性を身につけることは大きな転換となりました。それは自分の人生をとても明るく楽しいものにしてくれました。この経験から、意識すれば感性も磨けるものだと思っています。

「人類に役立つ」という非常に高い頂点を目指し、現状に満足することなく意識を変革していくことで、己の満足できる良いものを時代に残していく。そのような魂を「匠 Method」を通して感じていただきたいと願っています。

第２章

「価値のデザイン」から始める
匠Method

第２章　「価値のデザイン」から始める匠Method

プロジェクトとは、複数の人間や組織が参加して、成果物、またはサービスを創り出すための、期限のある活動のことで、ビジネス、地域社会貢献活動、コミュニティ活動等さまざまなものが対象となります。匠 Method は、このようなさまざまなプロジェクトの「価値」を、デザインすることから始めて、活動計画まで短期間で作り上げるための手法です。

プロジェクトを「価値のデザイン」から始めることで、プロジェクトメンバーはクリエイティブな仕事を行っていることを実感することができます。またプロジェクトの価値を直観的に把握することにより、いち早く社外に対して、ブランドを確立することやプロモーションのアプローチを立ち上げることができるようになります。さらに、チームでの業務遂行には、共通理解があることで団結力が高まり、何より仕事が楽しくなるでしょう。

皆さんも日頃何か、魅力的で楽しそうな「こと」や「もの」を見たり聞いたりするとワクワクしませんか？　その感覚はよい仕事をする上でとても大切なことなのです。ワクワク感をもたらすために、プロジェクト立ち上げの段階から、プロジェクトの扱う対象や、チームの価値をデザインします。

たとえば、ビジネス企画、製品企画、業務改革、システム開発、さらに日々の業務遂行など、さまざまな取り組みにたいして価値を抽出して、デザインするとよい効果が生まれます。

ここでの「価値」とは何かと言うと、「モノ（たとえば製品）、サービス、仕事、チーム、人」に対しての「魅力」ということです。「魅力を感じる」ことで「嬉しい」、「欲しい」、「一緒にやりたい」、「達成したい」、「憧れる」といった感情がもたらされます。また、デザインされる価値には、ビジネスの利害関係者（ステークホルダー）の価値も含まれています。たとえばお客様、企業パートナー、親会社、子会社などのステークホルダーの価値をデザインすれば、ビジネスに必要なWin-Winの関係を最初から意識されるようになるでしょう。

さらに、価値からデザインするようにすれば、これまで部門や会社という「無意識な壁」（慣習化された考え方）の中だけで仕事をしていたことにプロジェクトメンバーは気がつくことになるでしょう。最終顧客の価値を配慮してサービスを考えたり、パートナーがどのような価値を感じられるのかを考えながら話し合ったりする中で、はじめて真の顧客価値や真のパートナーとの協業ストーリーが生まれるのです。それは慣習化された既存業務の価値観をベースにしたやり方では獲得できません。また、このようなことは口伝えで周りに普及することはとても困難です。

そこで、「匠Method」のような考え方を伝える手法が必要となります。匠Methodを使っているうちに、プロジェクト参加者のモチベーションが高まり、目が輝いてクリエイティブな仕事の感覚を身に付けることができるでしょう。人は「価値」の重要性に目覚めるだけで、ずいぶん意識が変わるものです。プロジェクトメンバーに対して価値の重要性を認識させることは、そのメンバーの能力を最大限に活用することにつながります。また、日頃の慣習化された考え方を打ち破ることで、新たな発想が生まれるようになります。

「匠Method」は、価値のデザインからビジネス戦略、業務デザイン、IT活用、活動計画までを短期間で作り上げるという本格的な手法です。シンプルな「モデル（図）」で構成されているため、日頃の働き方を改善することに応用したり、自分のキャリア開発に活用したりできる手法としても使われるようになりました。

このように「匠Method」は広範囲に活用できるメソッドですが、そのすべてに共通することは「価値のデザインから始める」ことです。価値のデザインから始めるということが、匠Methodが手法としてもつ唯一無二の特徴です。

「価値のデザインから始める」という意味は、「価値のデザイン」で完結するのではなく、戦略、業務、活動のデザインが含まれており、これらがつながりを持った形式でデザインされるということです。この手法の特性が唯一無二といえるものです。

ここから、「匠Method」によって価値をどのようにデザインするのかを説明していきます。その中で、「匠Method」の発展段階でどのような課題が発生したのか、その課題を解決するためにどのような考えを持ってモデル（見える化した図のこと）を作成していったのかを述べていきたいと思います。「なぜ」この見える化に私が至ったのか、それを知ることにより、「匠Method」が提供しているモデルの本質的な意味を理解していただけると思います。

「匠Method」の「モデル」は4つの視点を持つ

匠Methodは、図を使って対象を「見える化」していきます。この図のことを「モデル」といいますが、匠Methodのモデルは「価値」、「要求」、「業務」、「活動」という4つに分類することができます。次の図で示したものは匠Methodで「匠Method知識体系」と呼んでいます。

「匠Method知識体系」とは、ここでは視点によって分類されたものと思ってください。匠Methodでは、プロジェクトをデザインする際に、4つの視点において、それぞれの図により、対象を「見える化」していきます。

「価値」…プロジェクトの対象とする価値

「要求」…価値を獲得するための課題

（課題達成に向けた要求）

「業務」…業務の姿（現状業務とあるべき業務）

「活動」…活動内容と計画

まず「価値」の図を描きます。すべては価値の図が始まりとなります。
次に「価値」の図の要素を基に「要求」の図を描きます。その後は「要求」の図の要素を基に「業務」の図を描き、最後に、「要求」の図の要素を基に「活動」の図を描きます。このように、図の矢印の流れで「見える化」を進めていきます。

しかし、「価値のモデル」で作成した要素を「要求のモデル」へ転記する際に変更することも頻繁にあります。その場合は、上位の「価値のモデル」も書き換えるのです。これをフィードバックといいます。「価値モデル」をもとに作成された「要求モデル」や「活動モデル」からのフィードバックによって「価値モデル」を洗練化させていくことができます。
このことは、頭の中で次のようなシーンを考えると理解しやすいでしょう。

あることの「価値」を考えている時に、実際の戦略や業務イメージや活動イメージを想像することで価値のイメージが鮮明化され、さらに具体的なアイデアが生まれた

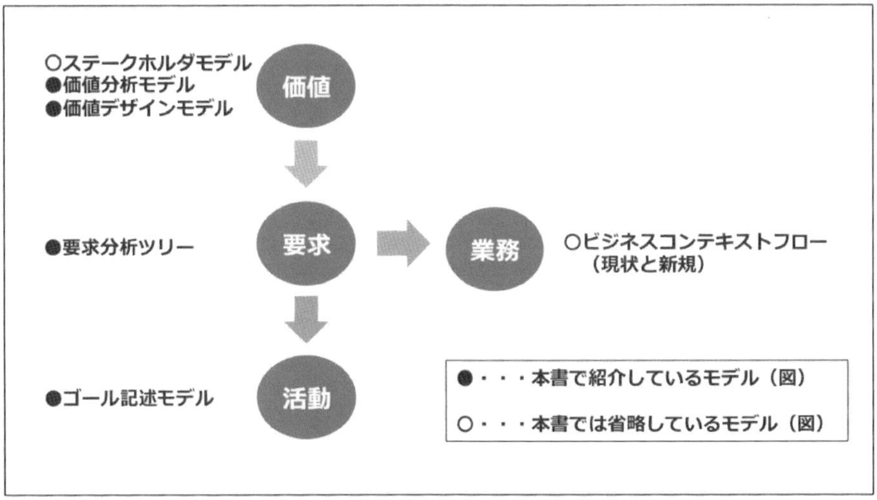

図 2.1　匠 Method の知識体系図

頭の中での考え方を、モデル作成活動として表すとこのような方法となるわけです。実際は、プロジェクトチームのメンバー間で、模造紙などで作成した「モデル（図）」を、壁に数枚掲出して、意見を出し合いながら、同時並行的にブラッシュアップしていきます。

このように4つの視点で描いた「モデル」は、トレーサブル（追跡可能）な状態にしておきます。そうすることで、「活動」がどのような要求により作られたのか、どのような「価値」から作られたのか、を常に辿ることができます。「そもそも何のための要求なのか？業務なのか？活動なのか？」プロジェクトでは、そんな疑問を抱きつつ作業を進めることが頻繁にあります。匠Methodは、4つの視点を知識体系として「見える化」し、それをトレーサブルにすることで、プロジェクトメンバーの「そもそも」の疑問を解消することができるのです。また、「その価値はどんな手段で実現しようとしているのか？」にも対応できます。

こうして疑問の解消はプロジェクトチームの納得感を倍増させるため、プロジェクト推進の強力なパワーとなります。

「深層価値」をデザインする（価値デザインモデル）

匠Methodでは、価値をデザインするために「価値デザインモデル」と「価値分析モデル」という図を用います。それぞれの図は、下記の役割を担っています。

・価値デザインモデル・・・自ら突き上げる価値観をデザインする

・価値分析モデル・・・誰が何を必要としているかというニーズの価値をデザインする

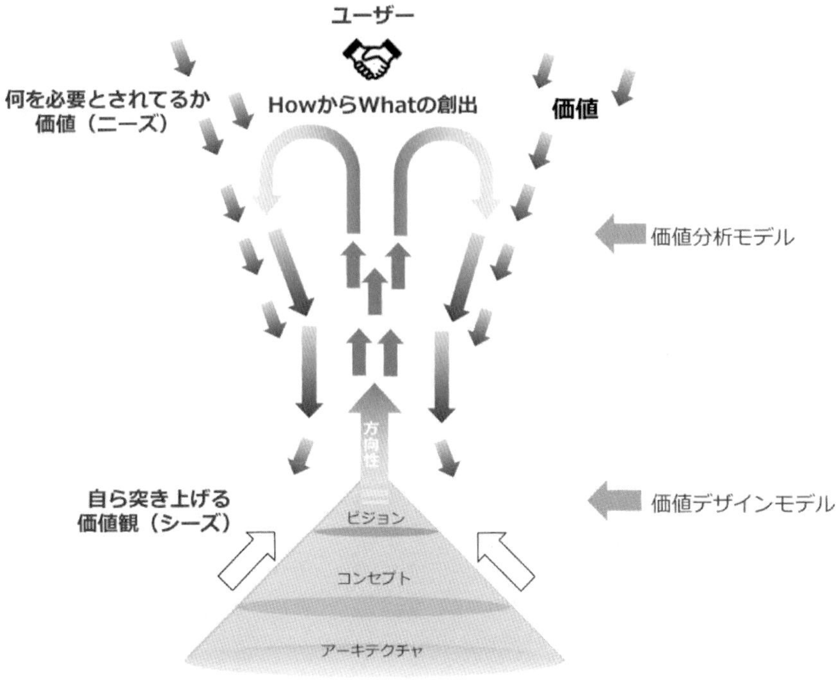

図2.2　シーズからニーズをデザインする（ブランド化のために）

そもそも価値とは何だろうか？

私は、匠Methodに「価値のモデル」を導入する時に「価値とは何か？」ということから考えました。純粋に「価値ってカタチがあるもの？ないもの？」そんなことから考えたのです。

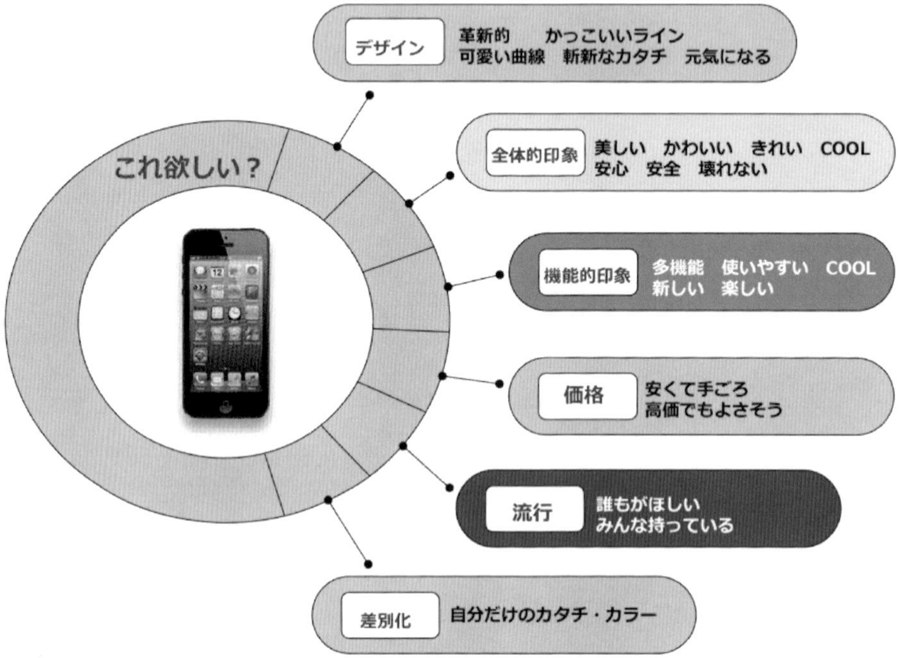

図2.3　価値とは何か？

人の深層にある価値（ストーリー）

たとえば、自分が純粋にモノを欲しいと思う時、欲しくなる背景にあるものは何か。自分なりの結論として次のような図を描いてみました。当時はiPhoneが流行していたので、iPhoneを例にした図です。

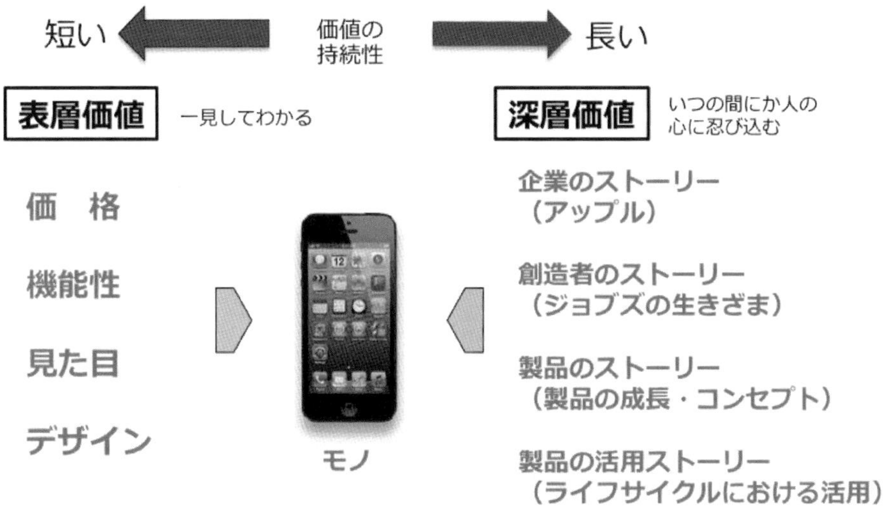

図 2.3 価値には表層価値と深層価値がある

この図は、自分がiPhoneをなぜ欲しいと思ったのかということを示したものです。図を描きながら、私は価値には「表層価値」と「深層価値」があるということに気がつきました。

私がiPhoneを欲しいと思う心理には、価格やデザインや機能性だけではないものがありました。創造者としてのスティーブ・ジョブズの存在やアップルという企業の魅力、iPhoneが生まれてきた製品としての歴史などの、それぞれが魅力的に思えたのです。このような意識は、モノが欲しくなる時に機能性やデザイン性と同じくらい重要なものであるのかもしれないと考えました。また、この意識は、いつの間にか人の心を掴むものなのだと。私はこのような意識を「深層価値」と名付けました。一方、価格、機能、デザインなど、分かりやすい価値については「表層価値」と名付けました。

「深層価値」は「表層価値」と同じくらい重要であり、持続性という点から見ると「深層価値」の方がはるかに長いのではないかと考えました。一般的には嗜好性の高いものほど「深層価値」の比重が高いと考えられますが、モノが余っているといわれる昨今、どのような商品も機能性や価格によって欲しくなる時代ではないようにも思われます。安いから、多機能だから欲しいということだけではないのです。

「深層価値」という意識は、あるストーリー（物語）のイメージとして形成されるのではないかと考えました。iPhoneを例にすれば、アップル社のストーリー、iPhoneが作られてきたストーリー、創造者のストーリー（スティーブ・ジョブズの生きざまそのものですが)。系列は違いますが製品の活用ストーリー。そのようなストーリーがイメージをもって蓄積されているのではないかと思います。人がイメージを持ちやすいことがらは、画像や音楽、それからストーリーでないかと私は思っています。ストーリーは、人の意識に深く残り、イメージしやすいものです。

私は、いつの間にか人の心に忍び込む「深層価値」は、人がイメージしやすいストーリーとして形成されるという考えに行きついたのです。

日本企業の弱点は「深層価値」の不在？

価値には「深層価値」があるという視点で、昨今の日本企業のことを考えてみると、家電や自動車などの製品作りに不足しているのはこの「深層価値」ではないかと思うのです。

かつてのSONYやホンダ、富士通などの日本企業は、創設者や製品から、強烈なストーリーを感じるものがありました。私もSONYに憧れ、ウォークマンなどはいくつも買ったものです。当時は、日本企業やその製品に誇りを感じていました。残念なことに、現在は、ストーリーも熱も感じなくなってしまいました。

まだまだ日本企業の製品にも凄いものがあるだろうとは思います。しかし、私は、製品に込められた良さを表現できなければ、実は日本企業の潜在能力は素晴らしいものだということが伝わらないのではないかと思っています。

「深層価値」を形成する、ストーリーをデザインしていく力は、良いものを創りだすために狙いを絞り込み、効率的な開発ができるように働きます。この「ストーリーをデザインする力」を強めない限り、日本企業から良い製品が出てこないのではないだろうかと思います。

「心地よい価値」の演出をするために

日本企業に足りない「深層価値」を強化するにはどうすれば良いのか？そのようなことを思いながら、匠Methodにおいて「価値をデザインする」ためにはどんなモデルが最適だろうかということを模索しました。そのモデルの原型となる考えは、実は自分の手元に存在していることに気がつきました。

私は2009年に「匠Business Place（略称匠BP）」を設立しましたが、その際に、「企業価値」を描き出す方法を考えていました。それは、「心地よさを与えてくれる」企業活動、つまり企業にとっての「心地よい価値」の演出ができないだろうかと考え、そのための方法を図にまとめていたのです。その図では、以下の6つの項目が関連性をもって配置されます。

1. ビジョン…未来に達成すべき夢

2. コンセプト…ビジョンに到達するために必要となる構想（大目標）

3. デザイン（ロゴ）…全体を説明するようなデザインイメージ

4. 言葉（キャッチフレーズ）…全体を一言で表す魅力的な言葉

5. 意味…全体の内容を説明する

6. ストーリー…現在から未来に向けた魅力的なストーリー表現

この図を匠Methodの「価値のモデル」のひな形として採用しようと考えたのです。

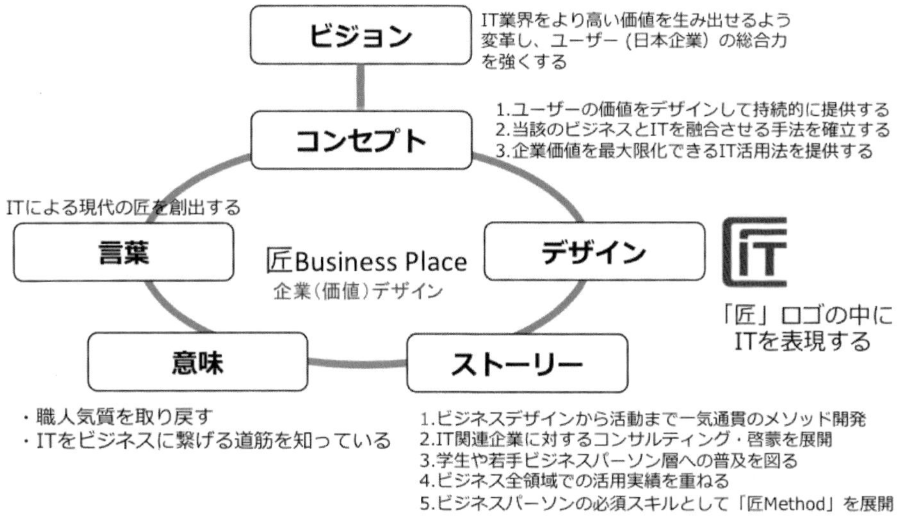

図 2.5 「価値デザインモデル」「匠 Business Place」の原型

当時、図中の「コンセプト」そのものには何も書かずに、コンセプトは、「言葉」、「意味」、「ストーリー」、「デザイン」の全体で示すということにしていましたが、匠Methodにこの図を採用する際に、「3つのコンセプト（構想）」として表わすようにしました。そして、図全体を「価値デザインモデル」と名付けました。

「価値デザインモデル」による価値の表現

「価値デザインモデル」による価値の「表わし方」を一言でいえば「自分達から突き上げる価値観をデザインする」ということです。それは先述した「深層価値」を創りだすこと、すなわち、ストーリーをデザインすることになると考えました。

ストーリーのデザインは、「未来の姿＝ビジョン」、「未来に到達するための3つの構想＝コンセプト」、「一言で示した説明＝キャッチフレーズ」、「未来に向けたストーリー」、それらを「象徴するデザイン」によって立体的に構成されます。

このように「価値デザインモデル」は、現在から未来に向けて立体的な絵を描き、到達へ一歩一歩登っていけるような心地良さを演出するようにしています。「モデル」の構成要素全体でストーリーを表すことで、「自分達から突き上げる価値観をデザインする」ものなのです。

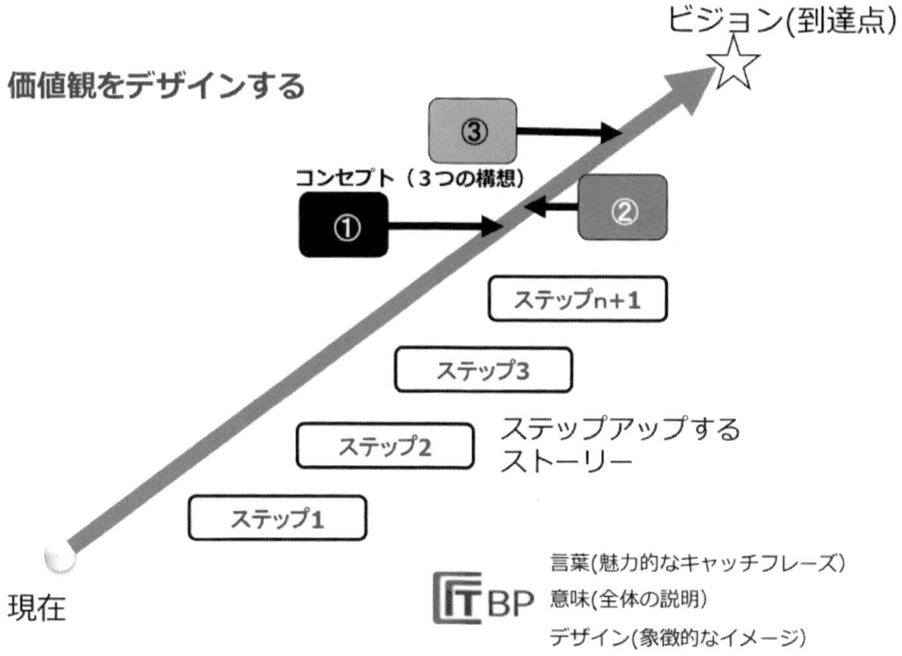

図 2.6 「価値デザインモデル」は全体でストーリーを表現する

プロダクトデザイン例（価値デザインモデル）

では匠 Method の「価値デザインモデル」の事例をいくつか紹介しましょう。

次図は、ドイツの自動車メーカー BMW の企業価値を「価値デザインモデル」によって表現したものです。BMW がどのような価値観を持っているかを私が勝手に想像しながら描いたというのが本当のところですが･･･。自動車メーカーは、ここ 10 年来「エコ」、「自動運転」といったコンセプトが飛び交い、激変している業界です。そうした過渡期を意識して作成したモデル図ですが、「駆け抜ける歓び」を維持しつつ、「エコ」、「自動運転」という要素をどのように取り込んでいくのかはとても興味がありました。BMW という企業には、飛行機のエンジン製作会社として究極のエンジニアリングが基軸にあり、それを軸足にクルマ作りにおいて、ブランド価値を醸し出すデザインが施され、乗り手の感覚が演出されていることが私には、「ストーリー」として感じられたのです。

このモデル事例において特筆すべきことは、ストーリーをエンジニアリングに限定して記述しているところです。「価値デザインモデル」を作成する場合に、「ストーリー」の記述部分は自由に決めてよいという柔らかいルールを採っています。そうすることで、１枚のモデルでも十分価値のあるものとして使えるようになりました。

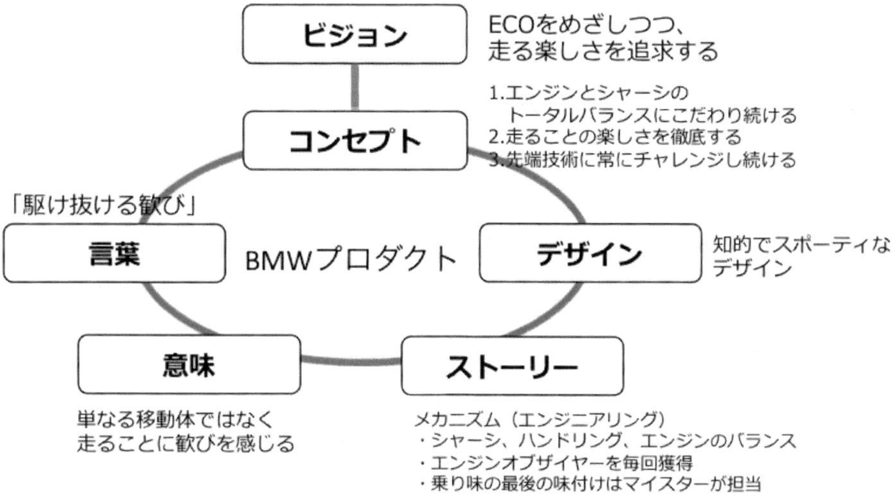

図 2.7　BMW の企業価値を表した価値デザインモデル

プロジェクトデザイン例（業務改革）

次はある不動産会社の業務デザインの事例です。こちらの会社の営業業務改革のためのシステム開発を実施する際に、匠 Method の「価値デザインモデル」によってプロジェクトデザインを行いました。

当初、営業業務の効率化が課題ということでシステム化をご依頼いただきましたが、先方の社長も参画されプロジェクトデザインを進めてみると、ブランドの向上や新サービスの確立という課題が浮かび上がってきました。このことから、プロジェクトの中期目標は営業業務の効率化だけでなく、この２点を加えたものになりました。

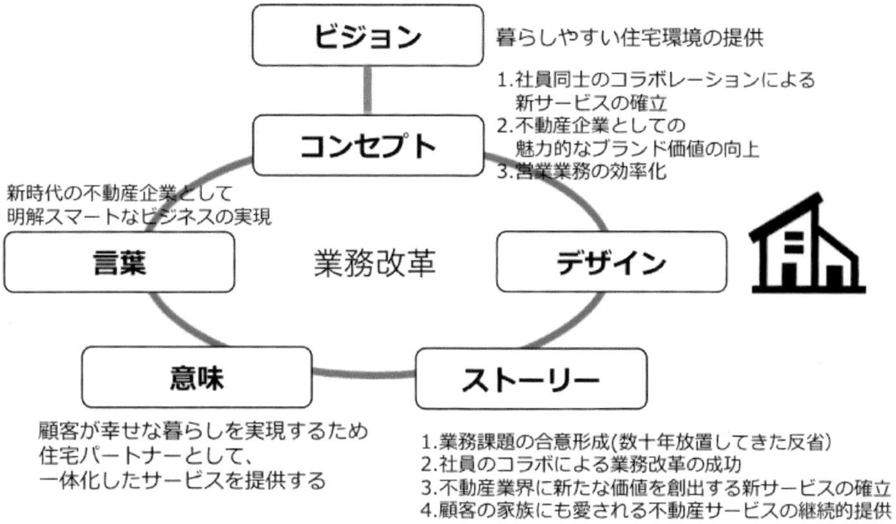

図 2.8　不動産企業の業務改革プロジェクト表した価値デザインモデル

キャリアデザイン・個人の価値のデザイン例（自分自身のデザイン）

次はある個人の方々の「自分デザイン」例です。

お一人目は、「智恵の和」という団体メンバーの橋沢さんが描いたご自分の価値をデザインしたものです。「智恵の和」は、障害を持つエンジニアの方が集まり、ITや匠Methodのような開発手法についての勉強を月に一度行っている非営利団体です。

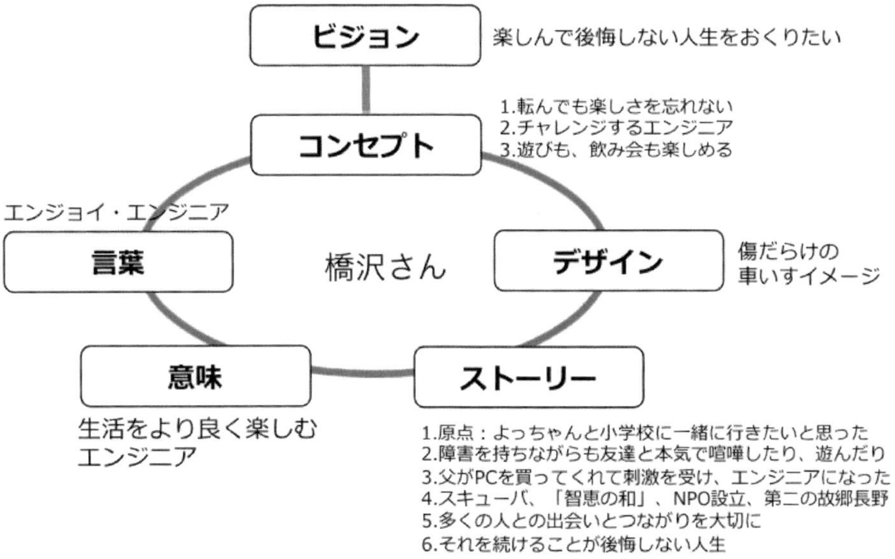

図 2.9　橋沢さんの個人の価値デザイン

橋沢さんは、スキューバダイビングなどもされて、大変アグレッシブに人生を送られています。先日のBBQパーティでは、私を車いすタイプのパッセンジャーボードに載せてドライブしてくれました。橋沢さんの「ストーリー」は、これまでの出会いや転機、新しい決意などで記述されています。とても素敵なエンジニア・ライフです。

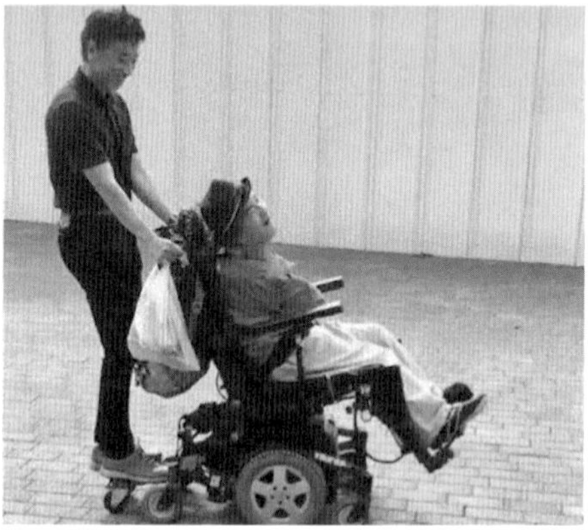

私をパッセンジャーボードに乗せて運転する橋沢さん

もうひとりの方の例は、キャリアデザインを表現したものです。匠Methodを学ぶ場として、月に一回「匠道場」という教室が運営されていますが、そこで、匠Methodの３つのモデルによって「キャリアデザイン」を描き出す大会が開催されました。次図はその大会において見事２位となった方のご自分のキャリアデザインの「価値デザインモデル」です。

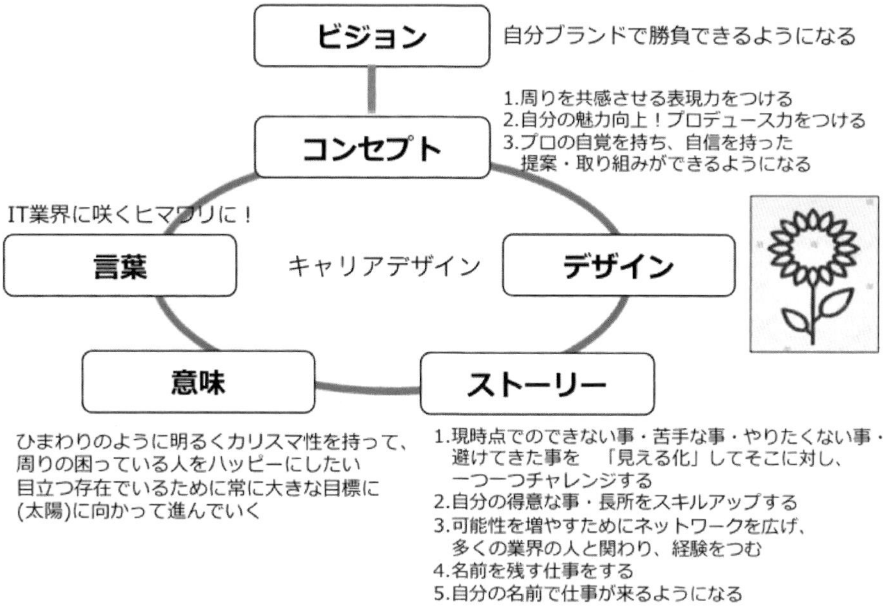

図 2.10　キャリアデザインへの応用例

「深層価値」は魅力的なストーリー創り

企業、部門、プロジェクト、あるいは個人も魅力的なストーリー創りを行うことはとても重要なことです。これは「自分（達）から突き上げる価値観」をデザインするということになり、最終的には自分自身が何ものであるか、何を大切にしているかということが問われることになります。これは、日頃会社の中だけで、仕事をこなしている方には、辛い問いかけかもしれません。

しかし、「自分（達）から突き上げる価値観」を持たないと、会社のため、社員のため、お客様のためといくら唱えても、その望みは届かないように思います。まず自分が価値を感じ、それをデザインすることが大事であり、そこからはじめて他者である同僚、自分の会社、お客様の価値を理解し、デザインすることができるのではないでしょうか。このことに力点を置かないことが、日本企業のプロダクトやプロジェクトの迷走、あるいは生産性が低いといわれることのひとつの要因かもしれません。

かつて日本企業は、強いリーダーシップを持った人間が会社を引っ張って、魅力的な製品を作り続けてきました。現在、その力は低下しているように思います。要因として挙げられるのは、「自分の顔がない」、「会社の顔がない」ということではないでしょうか？

匠 Method の「価値デザインモデル」は、「自分達から突き上げる価値観」をチームでデザインしていくことで、自分を取り戻す活動でもあります。初めは辛く感じることがあるかもしれませんが、デザインが進捗してくると、だんだん楽しい世界が見えてきて、みんなが明るい笑顔になるのが印象的です。

「深層価値」とブランドの関係性

このような価値を表現していく活動は、ブランディングに大きく関係することになります。企業ブランド、製品ブランド、サービスブランド等の全てのブランディングは、「自分達から突き上げる価値観」を描き、それを市場（ユーザー）に、「どうだ！」と見せつけるものだからです。このスキルを磨くことで、市場（ユーザー）の価値をたぐり寄せることができるようになります。つまり、市場が欲しがる魅力的なものを、自分達が作る（べき）ものに近づけることができるのです。そのためには、もうひとつ価値モデルである「価値分析モデル」を理解しなければなりません。「自分（達）から突き上げる価値観」のデザインと、ビジネスの主要なステークホルダー（関係者）の価値とをカタチにすることです。つまり「ニーズ」をデザインしなければなりません。

世の中のリーダーは「深層価値」を意識している

私はそう思っています。「深層価値」とは呼ばなくとも、そういう意識をもっていることは間違いないのです。私も自分の人生を楽しく有意義に過ごすためにそう思っています。このことを簡単に言うと己を強くもつことが大事ということです。

たとえば先に挙げたスティーブ・ジョブズは強烈なくらいの己を持っています。テスラのイーロン・マスクも、BMW という企業もそうです。このような人や企業の特徴は、

未来の価値を自ら描き、宣言型でモノゴトを進めている

ということです。そこに私たちは魅力を感じて、その会社の商品が欲しくなるのです。それが「価値をたぐり寄せる」ということであり、その究極がブランディングなのです。

スティーブ・ジョブズは、アップルコンピュータで「Lisa」というマシンを作り、パーソナルコンピュータの世界観を宣言型で描きました。その後はNEXT 社でパーソナルワークステーションをやはり宣言型で描きました。こ

れらの技術要素が、現代のiPhoneに継承されてきており、そこにストーリーを感じることができます。イーロン・マスクもまた強烈な宣言型の経営者です。初めはテスラによる電気自動車の世界を描きました。現在は宇宙をテーマに宣言型でプロダクトを進めています。BMWは、他のメーカーも同様ですが、まずコンセプトカーで未来のクルマを示します。その段階で素敵だと思われるようなブランドを徐々に形成していきます。市場の反応への試行錯誤を繰り返し、５年位の時間をかけ、テクノロジーとエンジニアリングの結集に加え、乗り味も含めて進化させ、デザインとの融合を図り、断続的にコンセプトカーに近づけることを商品戦略として実現していると思います。

匠Methodでは、こうした認識を一人の天才ではなく、組織として、いわば「集合天才」を生み出すための形式知として提供していこうと考えています。

いま、日本企業に一番足りないものは、

未来の価値を自ら描き、宣言型でモノゴトを進めるスキルと力

だと思います。

私は、そのような「価値を描き出し、宣言型でモノゴトを進められる」人材を創出するためにこの手法を創り続けたいと考えています。「匠Methodを使っていると己を問われるようだ」といわれることがよくあります。匠Methodは、自分を取り戻す、会社の魂を取り戻すために作ったものです。また匠Methodを無料で学ぶ「匠塾」というコミュニティがありますが、そこで学んだ人達の中には「匠Methodは自分の人生を変えた」という発表をした方もいました。「匠Methodによる『自分から突き上げる価値観』を表現できていたら、若い時に失恋しなかっただろう」というプレゼンをされた方もいます。匠Methodは、使う人の心を震わせるメソッドなのです。

第3章

ステークホルダーの価値をデザインする「価値分析モデル」

第３章 ステークホルダーの価値をデザインする「価値分析モデル」

「価値デザインモデル」は、企業、製品、部門などの価値をストーリーとして表現するものですが、価値をデザインするためには、もう一つ重要な視点があります。それはステークホルダーが感じる価値を、シチュエーションとアイデア（手段）をセットにした魅力的な文章を通じて描くことです。これにより企画の初期段階から、ステークホルダーのビジネス価値を増幅させることになります。本章は、この視点について、前章に続き匠 Method の「価値分析モデル」を通して説明していきます。

ステークホルダーの価値をデザインし、バランスを取る

私は匠 Method に価値を導入する際に、もうひとつの価値のモデルを検討しました。それは、プロジェクトに関係するステークホルダーの価値のデザインを行う方法を探すことでした。
たとえば、ビジネスを企画する際に、そのビジネスに関係するステークホルダーが感じる価値が少なければ、そのステークホルダーの参加は得られません。そうなると、どんなに素晴らしいアイデアがあったとしても、一緒にビジネスを成長させることができません。また、最終的なユーザーやコンシューマーにとっての価値が何かということもビジネスを企画する上で、欠かせない要素です。

ゲームメーカーの開発部門の担当者からの依頼で、ゲーム企画部門の企画者が評価するゲーム創りに没頭するあまり、実際のゲームの利用者（コンシューマー）の顔が見えなくなったので、何とかしたいという悩みを相談されたことがあります。

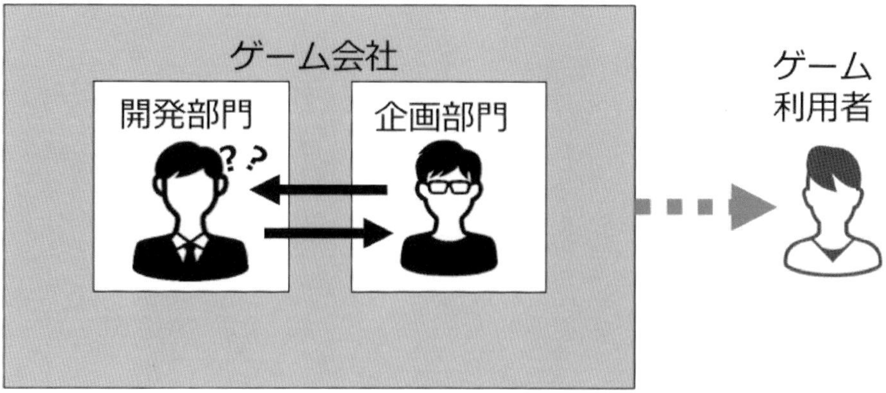

図 3.1　ゲーム利用者が見えなくなった開発部門

また、あるサービス開発会社では、取引先であるサービス提供企業の直接的な価値につながることばかりを考えて、その先にいる実際のユーザー（コンシューマー）の価値を考えていないために、サービス提供企業からみるとサービスの内容や質に迫力を感じず、対等のパートナーとして扱われないということも課題としてありました。

図 3.2　最終ユーザーの価値が分からないサービス開発企業

サービス提供企業の価値を考えるのではなく、最終ユーザーの価値を考え、そこからサービス提供企業の価値を導き出すことができなければ真のビジネスの成功はありません。これが常態化するとユーザー企業にとっての真のパートナー企業にはなりえません。このような危険性は、最終ユーザーの評価だけではありません。ビジネスに関係するステークホルダーの誰かが価値を実感できないという部分があれば、ビジネスリスクと考えるべきなのです。このリスクを回避するには価値が感じられないというステークホルダーの価値観を当該の企画参加者全員で考えるのがよいのです。これがステークホルダーの価値のバランスを取るということなのです。

現実には、ビジネスを立ち上げた初期の段階に、このことが考えられていない場合が多いです。そのような場合、ビジネスは失敗したり、企画の後半段階で問題が発覚して、手戻りが発生したり、時間ばかりがかかってしまいます。

そこで、できるだけ多くの企業で、共通の方法としてステークホルダーの価値をしっかりと表現できるシンプルなモデルが必要だと考えました。

世の中には、最終ユーザーの価値をデザインする考え方やモデルはありますが、このようなモデルは見当たりません。最終ユーザーの価値を軸に、その間に関係するステークホルダーの価値を描けるようなモデルがあるべきと思いました。ビジネスを成功させるには、ビジネスに関係するステークホルダーの価値をデザインし、そのバランスを考慮すべきだと考えたのです。

「価値分析モデル」の構造

先述した想いや問題から誕生したのが、「価値分析モデル」です。

「価値分析モデル」では、ビジネスにとって重要となるステークホルダーを表示、記述していきます。これには、事前に「ステークホルダー・モデル」というビジネスに関係するステークホルダーの関係を描いた図を使用しますが、本書では省略しています。

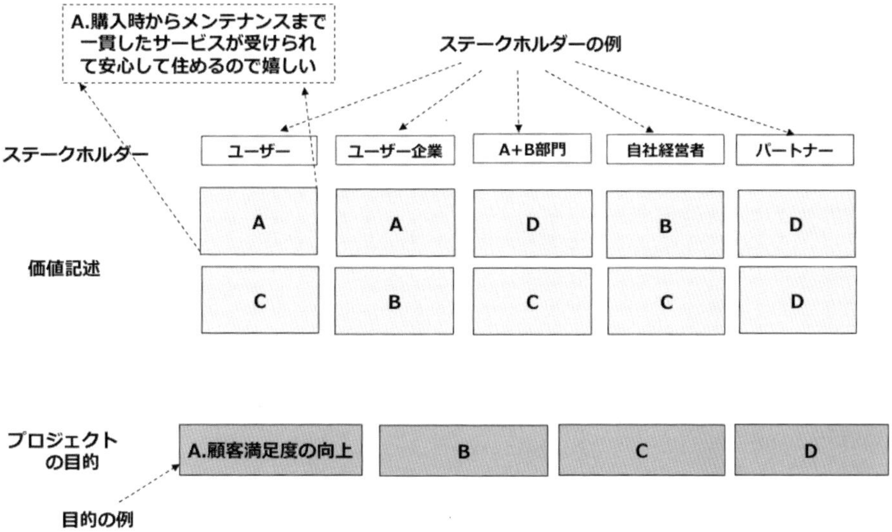

図 3.3 「価値分析モデル」の構造

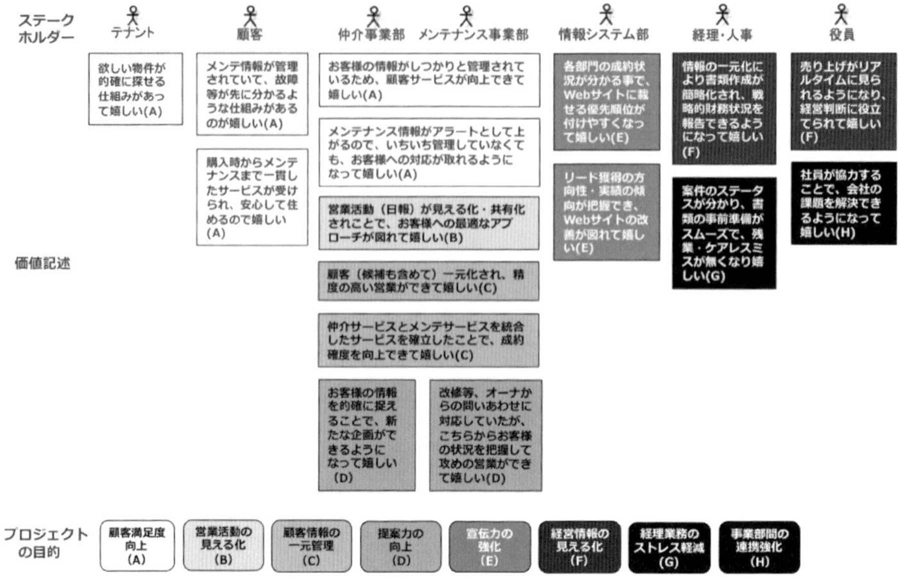

図 3.4　価値分析モデル(不動産企業の業務改革プロジェクト)

ステークホルダー

「価値分析モデル」のフォームでは、ビジネスの主要な関係者をステークホルダーとして描き出します。また、その際、ステークホルダーをミッションごとに集約します。たとえば、部長と課長という職制や、第一事業部と第二事業部という横並びの組織が類似ミッションであると考えられる場合は、「社内管理者」という名前に集約します。このステークホルダーの選出、整理に匠Methodでは、「ステークホルダー・モデル」というものを事前に作成しますが、本書では割愛しています。

価値記述

続いて価値記述についてです。この記述形式は、プロジェクトが成就した際のステークホルダーの価値を、魅力的な言葉として描き出すことものです。非常に重要ですので、次の表のような書き方をお勧めしています。

購入時からメンテナンスまで一貫したサービスが受けられて安心して住めるので嬉しい

⇩

記述要素	説明	事例
シチュエーション	どんな時にその価値を感じるのか？	購入時からメンテナンスまで
手段	どんな手段によって価値が提供されるのか？	一貫したサービスが受けられて
価値	どう嬉しいのか？	安心して住めるので嬉しい

表 3.1　価値記述の内容

「価値記述」は「ストーリー」で演出

価値記述を行う際に慣れていないと、事例の内容を「安心して住める。」（住宅販売の場合）と箇条書きにしてしまうことがありますが、あまり感心できません。価値記述は、ステークホルダーの価値をストーリー的に演出していくものです。その中の「シチュエーション」「手段」「価値」それぞれの言葉の演出が必要とされるのです。したがって、次のような箇条書き的に分類してしまった書き方はNGです。

記述例

・購入時～メンテナンス

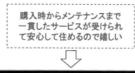

・一貫したサービスの提供

・安心して住める

「価値記述」はストーリーを魅力的に伝える演出であり、魅力を感じる文章作りが目的と言えます。その文章の構成要素は3つだけです。これを分解して表現するのではなく、自分の頭にシーンを思い浮かべ、実感することができるかどうかを検証することが大切です。「価値記述」のストーリーはやがて「活動」のモデルにより分解され、要求化（実現のための具体的な活動）へと変転します。それまでは、プロジェクト参加者の感性を大切にして、価値を示すストーリーを描き、全員でその文章の魅力を感じてもらうことで、プロジェクトとしての魅力を創り上げるのが大切です。

「価値記述」の狙い

「価値記述」の狙いは、ステークホルダーに提供すべき「価値」をプロジェクトメンバーが実感するためにストーリー的に描くことです。そこに「手段」という要素を入れる理由は、ビジネスやサービスを立ち上げる際に持っていた手段的なアイデアを検証するという意味合いがあります。

しかし、ゼロベースでビジネスを企画しようという集まりでは、「価値を提供する手段」というアイデアをチームの中で生み出す必要があります。この場合のアイデアの創造とは「この人がこういうことをすると、こう嬉しいのでは」というビジネスモデルの中のアイデアの粒を広げるようなものとなります。ビジネスモデルにおいては革新的なアイデアがなくても、小さなアイデアの粒をステークホルダーの間でつなげたり広げたりすることがとても重要なことなのです。

「嬉しい」の心理的作用

「価値デザインモデル」もそうですが、「価値分析モデル」は、企業デザインやビジネス企画、製品企画などのチーム活動の中で使われています。そうしたチームで「価値分析モデル」を使い企画作業を行っていると、「嬉しい心理的作用」とも呼ぶべき現象に出会うことがあります。それは、たとえばこれまで会社や部門という“壁”の内にいた人達が、他の会社の他の部門の価値を、ストーリーとして考えて、文章づくりをしている際によく起こります。チーム参加者の視野がいつのまにか広がり、一人一人の目が輝いてくるという現象です。

私はこの瞬間がとても嬉しくてチームの皆さんと楽しんでいます。人は、「他人の嬉しい」を開発していると自分も嬉しくなるのではないかと思います。「価値分析モデル」のこうした特性により匠Methodは「みんなの嬉しいを創造する」という表現を使うようになりました。まさに、この特性は、匠Methodで目指している「素敵な社会やビジネスをデザインする未来型のプロジェクトデザイン手法」として欠かせないものなのです。

プロジェクトの目的

「価値分析モデル」の「プロジェクトの目的」は最後に記述する項目です。たとえば「企業デザインを実現するため」のプロジェクト等、プロジェクトはなんらかの目的で集まったわけですから、そもそもの「目的」は参加メンバーの頭の中に置かれていることが多いでしょう。ここでは、ストーリー的な記述ではなく、短い言葉で記述します。たとえば図中の「顧客満足度の向上」などです。プロジェクトの目的は「○○の向上」、「○○の削減」という端的な言葉や多少ターゲティングを意識した「若手層顧客満足度の向上」という等に記述します。

「価値記述」と「プロジェクトの目的」との対応

「価値分析モデル」の記述がここまで進むと、「価値記述」と「プロジェクトの目的」との対応関係を検証します。「価値分析モデル」の構造の図のように、「価値記述」と「プロジェクトの目的」とはアルファベットで対応付けされています。この「価値記述」と「プロジェクトの目的」との関係についてはプロジェクト参加者によって、どの「価値記述」がどの「プロジェクトの目的」に最適な対応になっているかを一つずつ話し合います。通常はプロジェクトの目的1つに対してN個の価値記述が対応しますが、たまにN対Nの場合もあり、私は、どちらが重要かという観点でひとつに集約することを勧めています。しかし、判断が難しいケースではそのまま残しても構いません。

対応付けが一通り完了すると「価値記述に合う目的が見当たらない」、「目的に合う価値記述が見当たらない」という2つの現象がでてくることがあります。この現象の原因および対応を表で示します。これをチームメンバーで議論し、対応を考えていきます。

現象	原因	原因の背景にあるもの	対応
価値記述に合う目的が見当たらない	A.目的の視野が狭く局所的	慣習的思考に陥り、視野が狭くなっている	価値に見合う目的を検討する
	B.価値記述のスコープが広すぎてプロジェクトのテーマから逸脱している	価値重視になり過ぎて、自社のプロジェクトスコープから外れてしまっている	対象の価値記述を削除する
目的に合う価値記述が見当たらない	C.目的が価値をもたらさないものを考えていた	目的として手段的なものが考えられている	対象の目的を削除する
	D.重要な目的の価値が未開発だった	目的の価値が未検討、新たなステークホルダーが発見できていない	新たな価値記述を検討する

表3.2　価値記述と目的の対応

プロジェクトスコープを明確にする

プロジェクトをスタートさせる際に「プロジェクトの目的」を記述しておくことはとても重要なことです。私も新人時代には、「プロジェクトの目的」の重要性について徹底的に教えられました。チームメンバーに「なぜ、このプロジェクトを立ち上げたのか、どんな目的があるのか」ということは常々訊ね、議論しました。しかし、当時は「プロジェクトの価値」を問うことはあまりありませんでした。プロジェクトの目的には何らかの価値があるはずですが、プロジェクトの目的を価値と切り離して考えることはしていませんでした。まして、どのステークホルダーの価値なのか明確に考えることもしませんでした。

これは読者の皆さんもそうではないでしょうか。しかし、「価値分析モデル」を本章で記述していく手順で行うと、「分けることで分かる」ことがあるのです。

分けることで分かることがある

「分けることで分かる」とは、「プロジェクトの目的」から価値を切り離し、その対応付けをステークホルダーごとに行うことで、「プロジェクトの目的」に価値が実際にあるのかないのか、あるとすればどのステークホルダーの価値なのか、ということが明確になるということです。もし、対外的な課題を解決するような「プロジェクトの目的」が自社内のステークホルダーの価値記述としか対応しないならば、それは偏りがありバランスが悪いということになります。このように「価値分析モデル」を使うことで、「プロジェクトの目的」を価値で検証することができます。

「ゴール・リソース・スコープの調停」

複数人でプロジェクトを進めていくと、プロジェクトメンバーによって取り扱うスコープにズレが生じることがあります。このスコープとは対象の範囲と深さのことです。私はプロジェクトを成功に導くための最初の一歩として、プロジェクトデザインを行う際に「ゴール・リソース・スコープの調停」という考え方を採用しています。

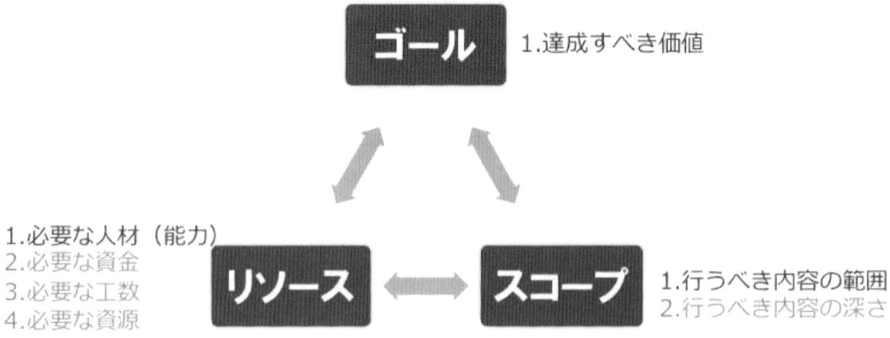

図 3.5 ゴール・リソース・スコープの調停

調停とは元々は裁判用語で「対立する双方の間に立って争いをやめさせること」なのですが、ここでは背反する考えの調整という意味で使っています。

というのも「ゴール・リソース・スコープ」はそれぞれが対立しています。うまくいかないプロジェクトは、「ゴール」が大きく、「リソース」は少なく、「スコープ」が大きいというような場合が多々あります。

一方、うまくいくプロジェクトは「ゴール」を果たすための「リソース」がそろっており、「スコープ」も程よい範囲になっています。あるいは「ゴールも」達成可能なレベルで留めてあります。このようにバランスを考えながらプロジェクトを時間軸の中でデザインすること（プロジェクトを切りだすこと）がとても重要であり、それに見合う言葉としては「調停」が最適と感じるので使用しています。

「価値分析モデル」は、「ゴール・リソース・スコープの調停」の第一歩を行うものとして考えています。図中の１番の部分です。「ゴール＝価値」、「リソース＝ステークホルダー（達成するための能力）」、「スコープ＝プロジェクトで行うべき範囲」と捉えることができます。プロジェクトの進行は「価値記述」と「プロジェクトの目的」とのバランスを取りながら、プロジェクトチームメンバー間で調停、合意していく活動という側面もあります。

「価値分析モデル」誕生の裏話

「価値デザインモデル」の同時期、匠 Method に「価値モデル」を導入する際に、ステークホルダーの価値を記述するシンプルな方法を考えていたのですが、その方法もまた私の身近な所から発見することができました。2008 年頃、方法論によるナレッジの伝達は理解に時間がかかるので、「言葉」で伝える方法を模索していました。そこで私の考案で「匠 Think」という言葉集を作りだし、手法とセットで提供し始めました。この集められた「言葉」とは、プロジェクトを成功に導くために有効に活用することができた「言葉」です。

この「匠 Think」の中に「目的だけでは足りない、価値を問え」という言葉があり、この言葉を理解させる演習は、あるテーマについて「プロジェクトの目的」を複数考えさせ、その目的から生み出される価値を記述させるというものでした。

「価値分析モデル」は、この「匠 Think」の言葉＝「目的だけでは足りない、価値を問え」を学ぶ演習の順番を逆にして、まずステークホルダーを定義し、その後「価値記述」を行い、「プロジェクト目的」を記述して、対応付ける方法に改良したものなのです。

偶然によって見つけた方法なのですが、これを匠Methodに採用してみると、１枚のシンプルなモデルにもかかわらず、効果は計り知れないものがあることが分かってきました。その効果の中でも私が一番のお気に入りは、「みんなの嬉しいを創造できる」ということです。

「価値分析モデル」と「価値デザインモデル」を融合してプロジェクト戦略を創りだす

本章の「価値分析モデル」と前章の「価値デザインモデル」の要素を融合させてプロジェクト戦略を導き出すことができます。この２つの価値のモデルの融合こそ、次図の「シーズからニーズをプロモーション・ブランド化する」ということを意味することになります。

実際の作業としては２つのモデルの中の要素を組み合わせてプロジェクト戦略を「見える化」していくことになります。

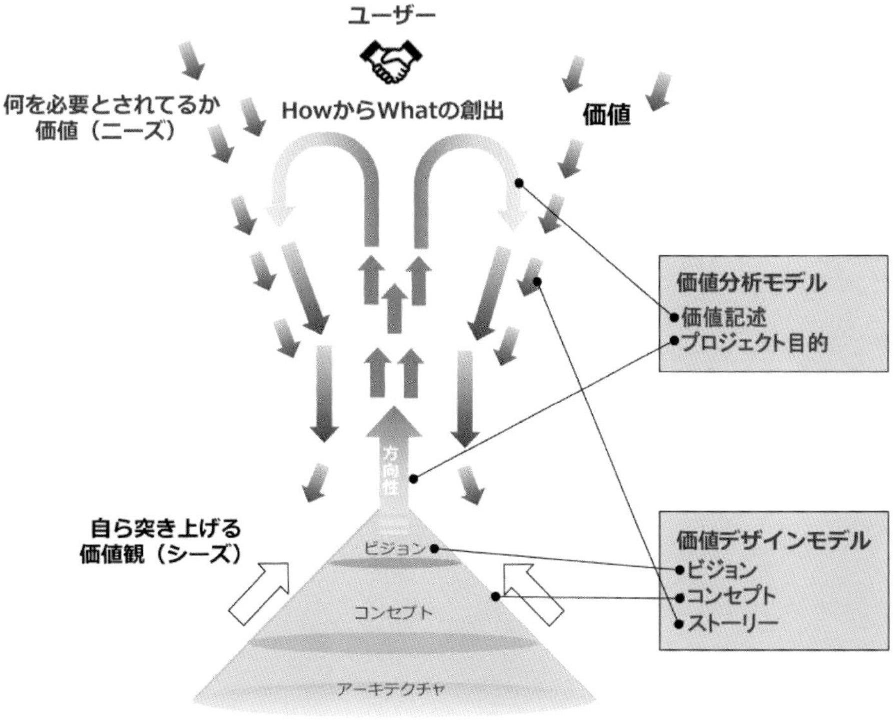

図 3.6 シーズからニーズをブランディング・プロモーションする

第 4 章

要求のモデルから戦略的活動を生み出す

第４章　要求のモデルから戦略的活動を生み出す

匠 Method のモデル（企画遂行のための記述チャート）には、「価値のモデル（価値デザインモデル、価値分析モデル）」の他に、「要求のモデル（要求分析ツリー）」、「業務のモデル（ビジネスコンテキストフロー）」、「活動のモデル（ゴール記述モデル）」があります。

本章では、「要求のモデル（要求分析ツリー）」、「活動のモデル（ゴール記述モデル）」を紹介します。

「要求分析ツリー」は、「価値のモデル」の要素を基にして作成されるものです。また、「ゴール記述モデル」は「要求分析ツリー」の要素を使って作成されます。匠 Method では、企画を進行する際に、前段階で作成した「モデル」の要素を次の段階で使うという点が特徴的です。これによって第２章で解説した「モデルトレーサビリティ」という効果がもたらされます。

では、ここから「要求のモデル」となる「要求分析ツリー」を紹介しましょう。

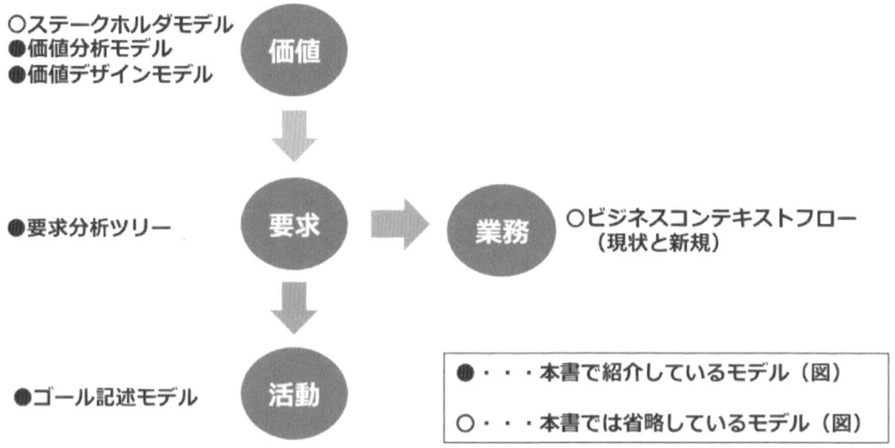

図 4.1 匠 Method を構成するモデル（匠 Method 知識体系図）

要求を目的と手段の連鎖として「見える化」する

「要求分析ツリー」の構造は、次図のように「戦略要求、業務要求、IT 要求、活動」という要素で構成されるツリー構造（実際には子が親を複数持つようなこともあるため、ネットワーク構造と言える）として表わされます。ここでの「要求」とは、プロジェクトの対象とされる課題と考えてください。「IT 要求」は場合により省略します。「活動」とは「要求」を実現するためのアクションとなります。また、ここでの「戦略要求」や「業務要求」などはあくまでプロジェクトスコープとしてのものです。

このモデルは、左から「目的」と「手段」の連鎖としてブレイクダウンされた構成となっている点が特徴です。この特徴により、プロジェクトに関係するステークホルダーの「戦略」、「業務」、「IT 活用」という３つの視点のつながりが可視化されるために、経営者、業務担当者、IT 担当者から見て納得感のある活動を生み出すことができるのです。

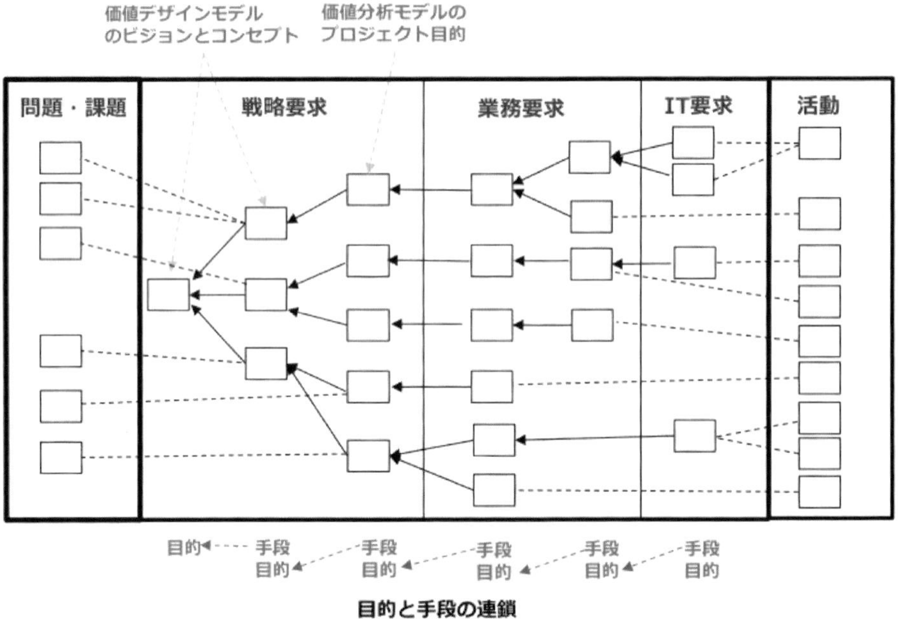

図 4.2　要求分析ツリーの構造

「表現」から「活動」を作りだす「要求分析ツリー」

「要求分析ツリー」の作成過程を紹介します。サンプルとして、「価値のモデル」で紹介した「不動産企業の業務改革プロジェクト」を使います。下図はその「要求分析ツリー」の例です。（説明簡略化ため「問題・課題」は省略）

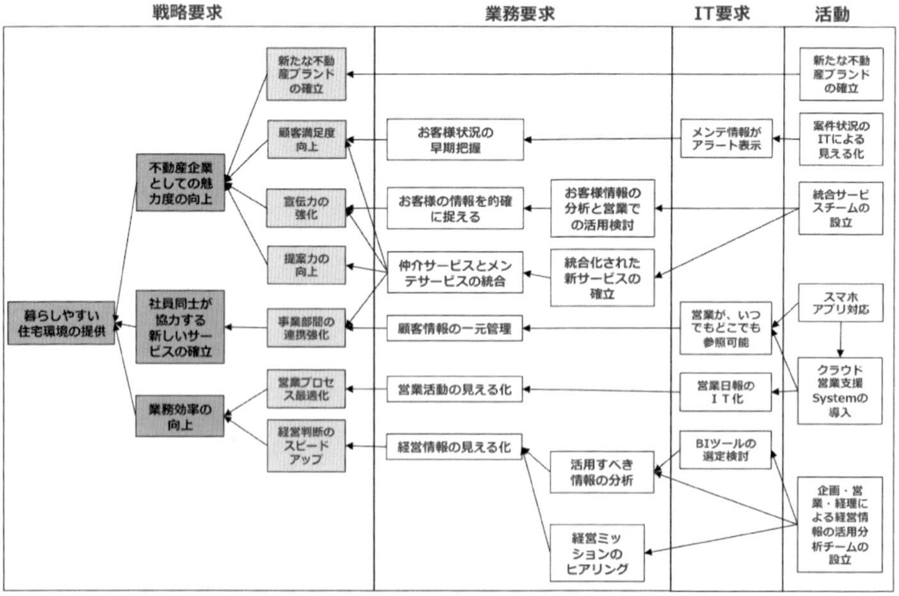

図 4.3 要求分析の応用例

Step1　2つの価値モデルの要素で「戦略要求」を形成する

まず、「価値分析モデル」と「価値デザインモデル」の要素を利用して、「要求分析ツリー」の骨格を作ります。具体的には、「価値デザインモデル」のビジョンと3つのコンセプトを「要求分析ツリー」の「戦略要求」の1階層目と2階層目に配置します。そして、「価値分析モデル」の「プロジェクト目的」を3階層目に配置し、目的と手段の連鎖として構成されるように線をつなげていきます。

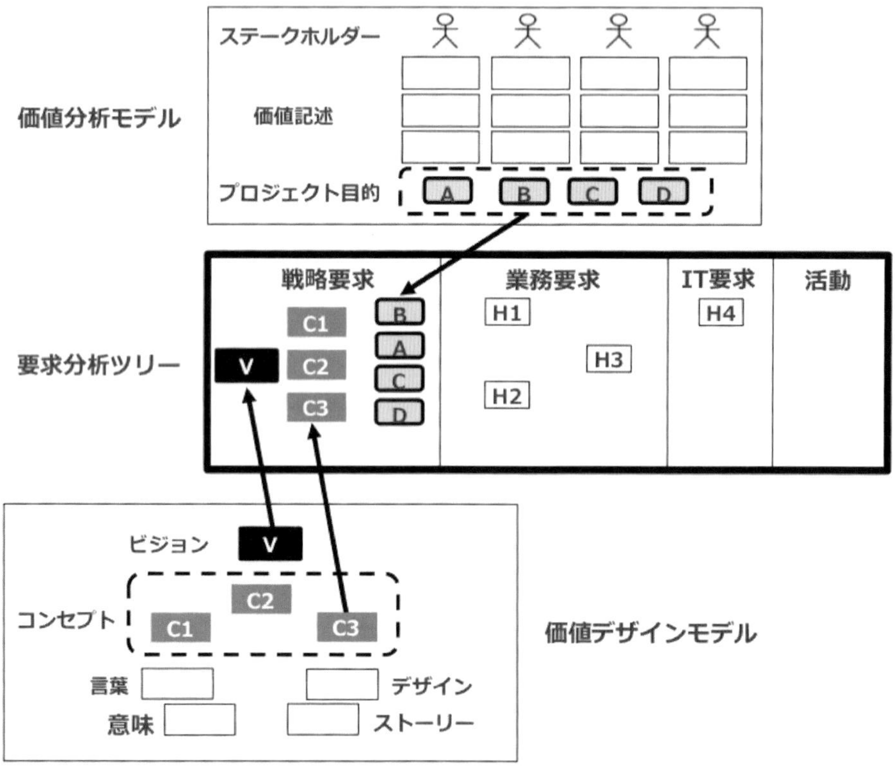

図 4.4「表現」のモデル要素を使って「活動」のモデルを作る

この段階では、「価値デザインモデル」から持ってきたコンセプトに「価値分析モデル」の「プロジェクト目的」がうまくつながらないことがあります。この原因は、コンセプトの視野が狭かったり、「プロジェクト目的」のスコープが広かったりとさまざまですが、その原因に合わせて2つの「価値モデル」の要素を修正していきます。

この作業で重要なポイントがあります。それは2つの「価値モデル」を完成されたものとして扱わないということです。要求分析ツリーで「コンセプト」と「プロジェクト目的」を上位下位の要求としてつなげてみることで「コンセプト」の視野の狭さや、「プロジェクト目的」の曖昧さが判明し、そこに修正を加えたならば、「価値モデル」の方も変更することになります。

サンプルでは、「価値分析モデル」の「プロジェクト目的」を下図のように修正しています。

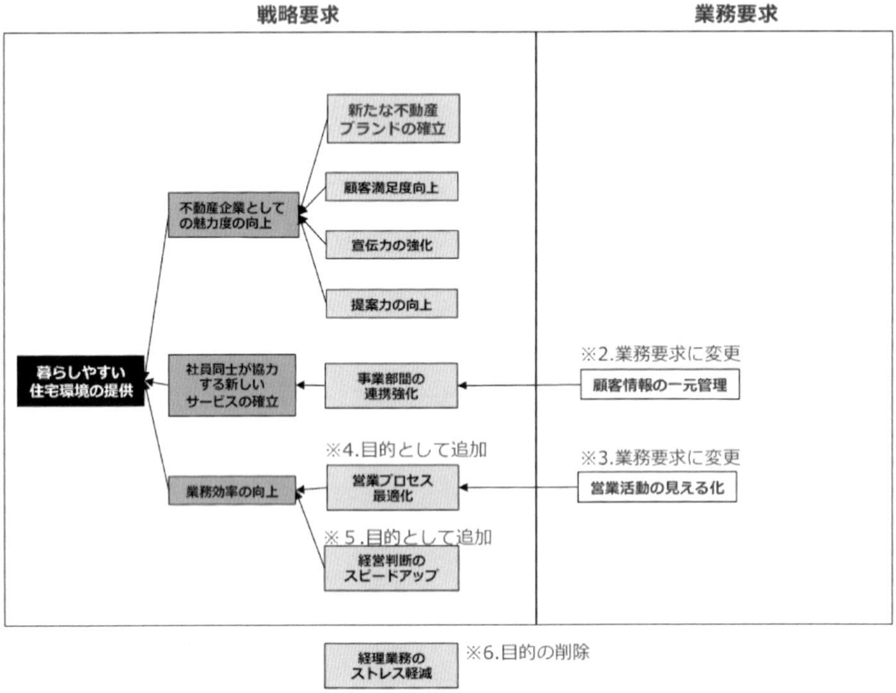

図 4.5　変更を行ったプロジェクト目的

この場合は､｢プロジェクト目的｣の修正となりましたので､｢価値分析モデル｣に結果をフィードバック（｢価値分析モデル｣の目的と価値記述を修正）します。前章で紹介した「価値分析モデル」を修正したサンプルを下図で示します。

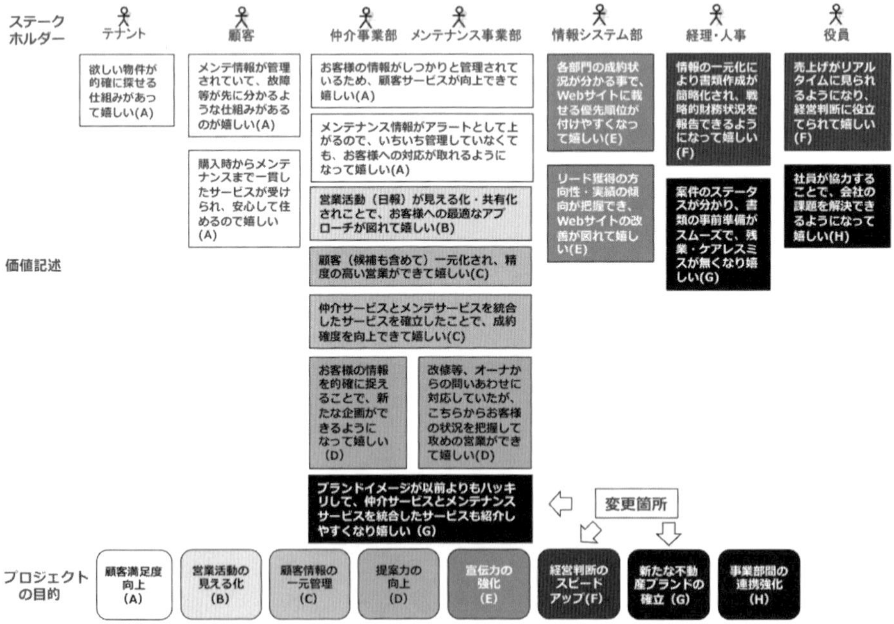

図 4.6 フィードバック後の価値分析モデル

Step2「業務要求」と「IT 要求」を作成する

次は、「戦略要求」の骨格をベースにして、「戦略要求」を実現するために必要となる手段(「業務要求」や「IT 要求」)を議論しながら見つけていきます。「戦略要求」を実現するには、どんな業務的な要求が必要かをメンバーで議論して言葉化を行います。その際には、次の図のような論理的思考（ロジカルシンキング）によるアプローチが重要となります。なぜ、このシステム思考が重要となるのでしょうか。それは、ミッシー（MECE）な要求を作りだす必要があるからです。ミッシーとは、Mutually Exclusive and Collectively Exhaustive の頭文字を取ったもので「それぞれが重複することなく、全体としてモレがない」という意味です。価値のモデルから持ってきたビジョン、コンセプト、目的とブレイクダウンした「要求」とを重複なく、モレなく作ることで、最終的な活動のデザインを発見していきます。

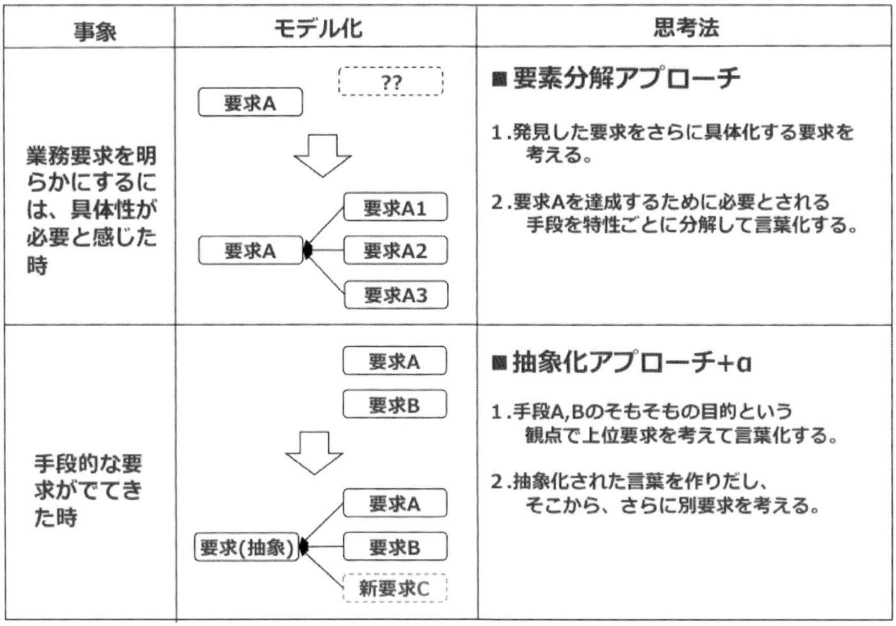

図 4.7　システム思考によるアプローチ

Step3　要求を実現するための「活動」を作成する

要求を実現するための「活動」について言葉化していきます。この「活動」の部分は、「ゴール記述モデル」に反映されるもので、「この要求を実現するには、何を具体的に行えばよいのだろうか？」という考え方を示すものとなります。通常は「要求」に対して1個以上の「活動」が作られますが、サンプルにある「要求分析ツリー」のように複数の「要求」から「○○チームを作る」というような「活動」が作られる場合もあります。

このような「○○チームを作る」という「活動」の記述は、比較的大きな課題を持ったプロジェクトの場合は、この段階で詳細な「要求ツリー」を作るよりも、メインプロジェクトのモデルを踏まえたサブ・プロジェクトにおいて、しっかりとデザインすべきという判断によるものです。このような場合は、「○○チームを作る」という活動の上位にある「業務要求」や「IT 要求」などがプロジェクトにおける重要なミッションとなり、このチームのサブ・プロジェクトの中で「要求モデル」により、具体化されるものとなります。

活動プランと目標を明確にする

「要求分析ツリー」の左端にある「活動」は、「ゴール記述モデル」に引き継がれます。「活動」のテーマに優先順位を付けて、それぞれの「活動」について「誰が」、「何を」、「いつから」、「いつまで」、「どうする」、「評価尺度」、「目標値」などを検討します。

「ゴール記述モデル」を次図で示します。

何をすることで（テーマ）	誰が（役割）	何を	いつから（開始）	いつまでに（終了）	どうする	評価尺度	目標値
①統合サービスチームの設立	2営業部	統合サービスチーム	5月1日	5月20日	活動を開始している	参加メンバーの活動趣旨と目標	全員合意している
①クラウド営業支援Systemの導入	情報システム部門	営業支援システム	5月1日	10月31日	開発しリリース	本番運用	完了している
①スマフォアプリ対応	システム部と営業部	スマフォアプリ対応プロトタイプ	5月1日	5月20日	完了し評価する	営業メンバーの	アンケートで5段階の4以上の評価をもらう
		スマフォアプリ対応プロトタイプ	6月1日	7月31日	営業が活用し改善を加える	営業メンバーの	
①新ブランドデザイン確立のためのチーム設立	経営企画と各部門リーダ	新サービスのブランド策定チーム	5月1日	5月10日	活動が開始されている	各部門リーダが	全員参加している
		ブランドデザイン	5月1日	8月31日	第一段階として完了し、部門展開と外部展開ができている	各部門メンバーが	社外・社内にしっかり説明できている
②案件状況のITによる見える化	情報システム部門と2営業部	案件状況による見える化に必要とされる機能	8月1日	11月30日	実現されている	営業メンバーの	アンケートで5段階の4以上の評価をもらう
②企画・営業・経理による経営情報の活用分析チームの設立	経営企画と各部門リーダ	必要最低限の経営情報の分析と活用方法	9月1日	11月30日	実現イメージを示すプロトタイプできている	トップも含めてチーム全員	理解・合意された状態を作る

図 4.8　ゴール記述モデル

第５章

ブランディングの本質は「表現」と「活動」を強くすること

第５章　ブランディングの本質は「表現」と「活動」を強くすること

匠 Methodの目標は、現在から未来へ向けてのステークホルダーと自分達の価値をデザインし、「外と内」に素早く展開することです。私は匠 Methodを活用したコンサルティングや教育を2009年から進めてきた中で、価値をデザインして、できるだけ早めにブランド化することの重要性を強く認識するようになりました。しかしながら私の会社はいわゆるデザイン企業、ブランドデザイン企業ではありません。そのため匠 Methodで目指す「活動」のデザインまで到達したお客様が、ビジュアル的なデザインを他社に依頼していることをとても残念に思っていました。せっかく「価値デザインモデル」を使って描いた「想いのデザイン」がお客様のビジュアルデザインにうまくリンクできていないことが数多くありました。「匠 Methodは、企業ブランドや製品ブランドにも使える」ということをカタチにして証明したいという想いが続いていました。

そこで、2017年4月に、知人であるブランディング企業（F-INC.）の萩原　房史氏とこの構想を話し合いました。5月には2社でチームを作り、匠 Methodを拡張したブランディング・メソッドとサービスの開発を同時に行ってきました。12月に、この開発成果を新たなブランドサービス「ArchBRANDING（アーチブランディング）」としてリリースしました。また、ブランディング・メソッドは「匠 Method for BRANDING」と名付けられました。これは匠 Methodのサブセットとなる手法にブランディング作業に必要な要素を組み込んだものです。構想から約8カ月でブランディング・メソッドとサービスを作りあげたことになります。

これによりブランディングをテーマとした企業レベルのプロジェクトは、「匠 Method for BRANDING」によってブランドデザイン（ブランド表現）とプロジェクトデザイン（社内活動）として位置付けられて、同時に進めることができるようになったのです。

「ArchBRANDING」のサービスと手法は誕生したばかりですが、私たちは読者の皆様に是非この考え方を知ってもらいたいと思います。ブランディング活動の手法を公開することにより、多くの方々にブランド創りの関心を持っていただきたいと考えています。それは、「ブランディングとは市場に魅力的な価値を演出するためだけのものではない。自分達の方向性を明確にし、誇りとモチベーションを向上させ、やるべきことの絞り込みや、狙い撃ちを行うためのもので、個人でも部門でも追求し、形成すべきものである。」という私たちの考えに基づいています。やがて「喜びあえる社会の実現により、人類を幸せにする」という私たちのビジョンにつながっていきます。

未来の社会を支えていく魅力的な仕事をデザインし、それを社外にブランドとして形成、同時にブランドのビジョンを達成するための社内活動をデザインするということを読者に学んでいただければと思います。もちろん、このブランディング・サービスを私たちに依頼していただけるとありがたいですが、それが叶わない場合でも、本書の「匠 Method for BRANDING」を学ぶことで、実践することが可能だと考えています。

IT 方法論からブランディングへ

ブランディングについては、多くの定義が成されていますが、単なる宣伝のための道具と思われている方もいらっしゃるのではないのでしょうか。その考え方はとてももったいないことです。

「ブランディングとは、自分達の方向性を明確にし、誇りとモチベーションを向上させ、やるべきことの絞り込みや、狙い撃ちを行うためのもので、個人でも部門でも追求し、形成すべきものである。」

上記は私のこれまでの仕事の中での体験からくるものであり、匠Methodを通して具現化しているものです。この考えがF-INC.社のブランディング思想とマッチしていたために、両社で新たなブランディング・メソッドを基にしたブランディング・サービスを立ち上げようということになりました。

なぜこのような考えに至ったかをお話ししましょう。匠Methodは、1990年代からのIT開発の手法作りを皮きりに進化させてきたものです。当時メソドロジスト兼ITアーキテクトとしての私にとって、手法の発展に欠かせなかったことはビジネス視点での自己変革でした。じっくりと時間をかけてモノづくりするという考え方から、宣言型で「価値」を表現して、スピーディーにモノづくり活動に励む方法に意識的にシフトしたのです。

その結果、やるべきことの絞り込みや、狙い撃ちができるようになり、モノづくりの品質とスピードが向上しました。さらに宣言型の方がいち早く周りの方々からの理解が得られることを幾度となく経験することで「これこそがブランディングの本質なのだ、ブランドとは個人でも部門でも形成すべきものであり、外見だけの話ではなく、内面を強化するためのものなのだ。」という認識を持ち始めたのです。

魅力的なブランドを作り、日々の仕事を楽しくスピーディーに行うために

「ArchBRANDING」は、企業のブランドを創りたい、または強化したいという方や、新たなビジネスやサービス・商品にブランド創りから取り組み、育てていきたいという方にとって、役立つものです。この「ArchBRANDING」を手法として提供しているのが「匠Method for BRANDING」です。

「匠Method for BRANDING」を取り入れることで、ブランディング活動を楽しくスピーディーにこなすことができるようになります。

ブランドデザインや価値のデザインといったことを強く意識する「匠 Method for BRANDING」の考え方が、新たな視点を提供することになるでしょう。それでは、本手法の基本的な考え方を説明します。

意識を強い「集合意志」に変える

会社経営も、新しいサービス創りも、集団で目標を達成していくということは同じです。そのためには、目標に対して、強い方向性を持つ必要があります。「匠 Method for BRANDING」の考えは、集団で何かを達成する際、または何かを作りあげる際に、集団の意志を強く持つことができることを目指しています。このような集団で何かを実践しようという「意志」を「集合意志」と呼びます。「集合意志」とは、漠然とした意識ではなく、一人の意志でもありません。集団で共有化した強い意志を意味します。

私は多くのプロジェクトに携わる中で、プロジェクトの成功要因は、当該プロジェクトの関係者に強い「意志（集合意志）」が形成できているかどうかという点ではないか感じてきました。この強い「意志」を形成するために、「意志」と「表現」と「活動」を同時並行的に「見える化」していく方法が「匠 Method for BRANDING」なのです。

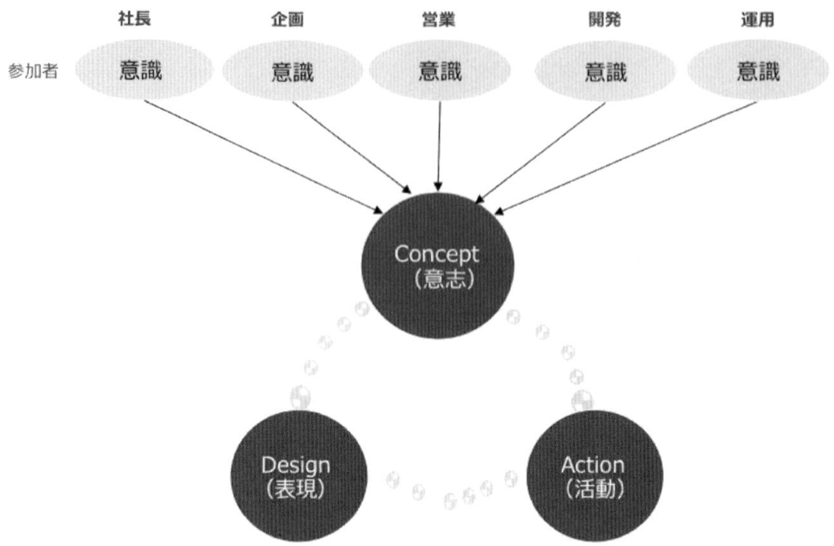

図 5.1　強い「集合意志」作り

・**意識**…個人で漠然と考えていることや、共有化されていない考え
・**（集合）意志**…企業や組織の関係者で共有化されて、文章や体系として「見える化」されている考え
・**表現**…ブランドの価値を示す言葉や形状、表出された具体的なデザイン
・**活動**…ブランド戦略や企業戦略を「見える化」していく具体的な活動

魅力的な企業や事業、サービス・商品はどのようにして生み出され、成長していくものでしょうか。また、このようなことを支える企業活動は、どのようにして生み出され、成長していくものなのでしょうか。

私たちは、このことを常に考え、魅力ある企業や事業、商品を生み出し、育んでいくためのサービスと手法作りに励んできました。その活動の中で分かってきたことは、人が集団でモノづくり、コトづくりを行う場合には、「意志」・「表現」・「活動」の3つの要素を素早く見える化し、強化することが、大変良い効果がもたらすということです。

このことを一人の人間に模して説明してみましょう。次図のように、「意志」は「脳」と表わされます。また、「表現」は、「顔」または「その人の印象」となります。「活動」は身体や手足ということになります。

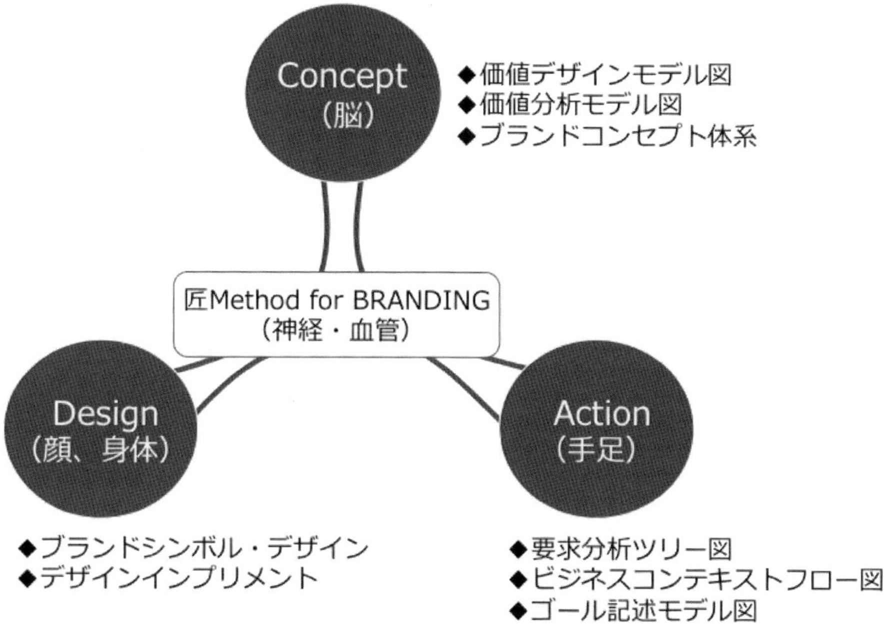

図 5.2　人体に模した「匠 Method for BRANDING」

実際の企業活動は、複数の人間が集まった集合体の意志であるため、一つの生命体として意志をつなげるための手法が必要となります。その役割を担うのが「匠 Method for BRANDING」です。「匠 Method for BRANDING」は神経や血管の役割を担い、ひとつの生命体としての「意志」「表現」「活動」をつなげていくわけです。

生命体の場合、これらがバラバラに動いてしまうことはありませんが、人の集団活動では、バラバラに、あるいは遠い所で、動いてしまうことが多々あります。アイデアがイノベーティブなものであっても、組織戦略につながらず、営業活動や業務活動に落とし込めない場合や、外に向けたブランド活動とのリンクができずにぎくしゃくしてしまっていることが見受けられます。

魅力的なブランド、商品・サービスを生み出すために

魅力的な企業ブランドやサービス・商品作りを行うためには、「集合意志」作りが重要です。ここでの意志とは、企業やサービスの関係者の集合的な意志を指します。この「集合意志」を強めることが魅力的な事業やサービスを生み出す上でとても大切なものとなります。

たとえば自社ブランドを形成するためや製品ブランド形成のため、関係者を集めプロジェクトチームを作ります。ここでは、「ブランド・プロジェクトチーム」と名付けて、説明していきましょう。

この「ブランド・プロジェクトチーム」の中で「匠 Method for BRANDING」の標準的な図を使って「集合意志」を見える化していくのです。

「匠 Method for BRANDING」の図は、とてもシンプルで、それぞれ1枚を基本に、全部で6枚程度を使います。それぞれの図の意味は次章以降で展開しますが、ここでは「なぜそう考えるか？」という観点で、順を追って説明します。

Step1「集合意志」をデザインする

「集合意志」を強化するには、2つの図を使います。

Ⅰ 「自分達からの突き上げる価値観」をデザインする

自分達が作りだすもののビジョンやコンセプトを、プロジェクトメンバーと話し合いながらデザインしていきます。これはいわゆる「自分達から突き上げ

る価値観」をデザインすることです。「自分達の強み、自分達が強くすべきことは何か」ということを、将来を想定しながら、シンプルに描き出していきます。これを行うのが「価値デザインモデル」図です。

Ⅱ　ビジネスステークホルダーの価値をデザインする

ビジネスステークホルダー（ビジネスの最終顧客を含む主要関係者）を明らかにし、そのステークホルダーがプロジェクトの達成によって「どんな時に何によりどう嬉しいか、価値を感じるのか」を、それぞれの言葉で記述します。これを行うのが「価値分析モデル」図です。

この２つのシンプルな図は、「シーズからニーズをデザインする」という思想を実現するために採用したものです。「シーズからニーズをデザインする」という考えは、これまでの私の経験から、ビジネス等の価値をデザインする上で、シーズ視点とニーズ視点を融合させた考えがとても強力であることから、取り入れたものです。新しい価値を生み出し、それがユーザーのニーズとして受け入れられるためには、現在の価値と未来の価値をデザインする必要があります。これはユーザーにヒアリングしてもなかなか獲得できないものです。なぜなら、ユーザーは、現在欲しいものを考えることはできても、未来にどのようなものが欲しいのかは考えられない人が多いからです。また、「価値をデザインする」こと自体が不慣れなものです。そこでプロジェクトチームにおいて自らの頭を使って、現在と未来の視点を持ちシーズとニーズの両方の観点で「価値をデザインする」ことが効果的なのです。さらに、次のステップで、シーズ視点とニーズ視点からデザインされた２枚の図の要素を融合します。

◇シーズをデザインする

・自分達から突き上げる価値観によって、どのようなニーズを生み出すのだろうか？

（価値デザインモデルの役割）

◇ニーズをデザインする

・ユーザーはどのような時にどのようなモノがあるから嬉しいのだろうか？

（価値分析モデルの役割）

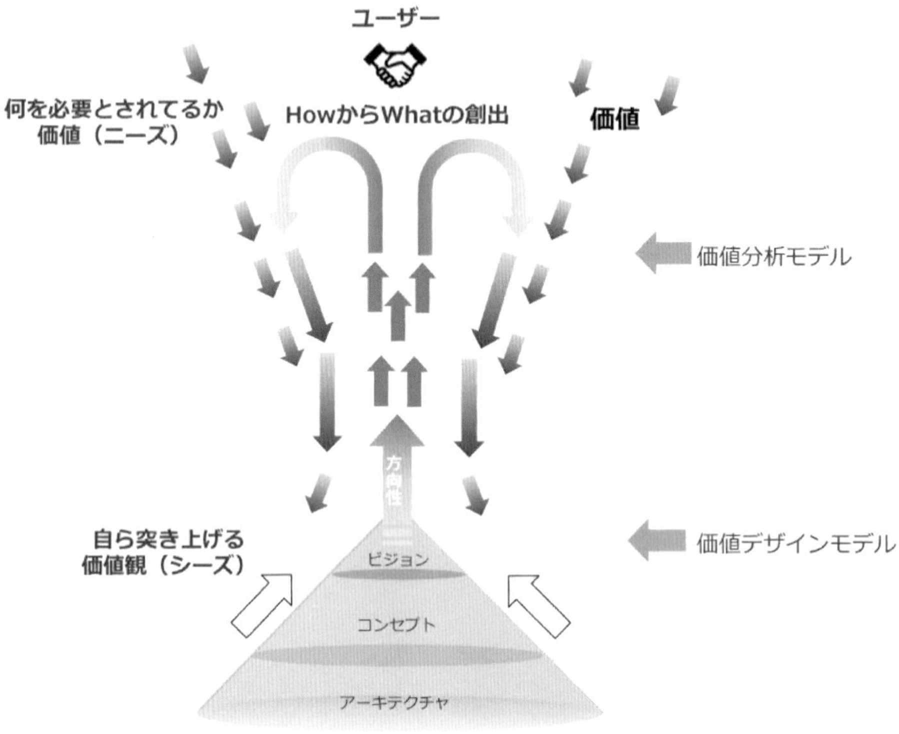

図 5.3　シーズからニーズをブランディング・プロモーションする

この「価値分析モデル」と「価値デザインモデル」の２つの図によって「関係者の意識を一つの方向に結集させた強い意志作り」ができるようになります。またプロジェクト参加者の意識が「強い意志」として見える化されます。さらにその結果、「見える化された図」を参加者が常に見ていることで「強い意志」がより共有・共感されていきます。

「匠 Method for BRANDING」では、この「価値分析モデル」と「価値デザインモデル」の２枚の図を元にして次のステップでブランドデザインの要素につなげていきます。

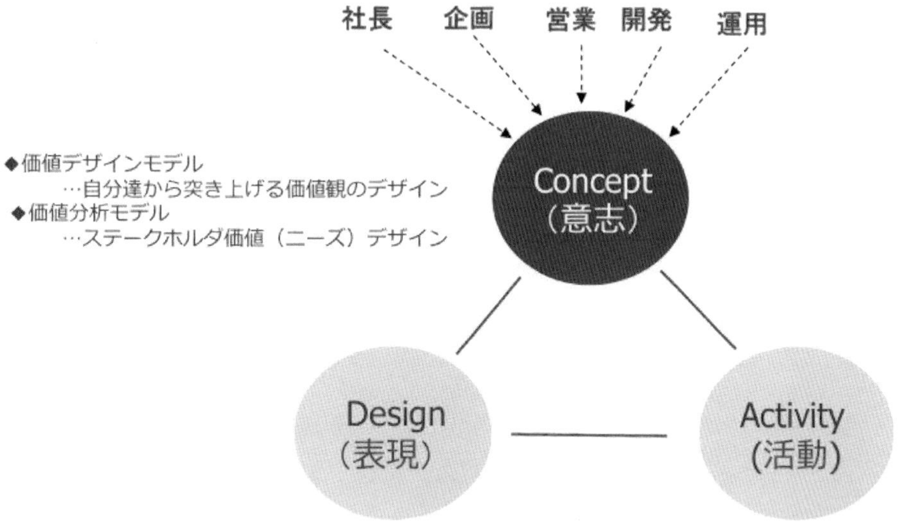

図 5.4 主要関係者の「集合意志」をデザインする

Ⅲ　ブランドコンセプトをデザインする

「価値分析モデル図」と「価値デザインモデル図」の要素を元にして、「ブランドコンセプト体系」を作成します。ブランドコンセプト体系とは、「表現」としてデザインされるブランドのシンボル（ロゴデザイン等）、ブランドステートメント（キャッチフレーズなど）を創出するための設計見取り図のようなものです。（第８章参照）ブランドコンセプト体系は「表現（Design）」への橋渡し役となりますので、ブランドデザイン専門のメンバーが中心で進め、「価値分析モデル図」と「価値デザインモデル図」で使っている言葉やデザインをより魅力的でインパクトのあるものに変化させていきます。その内容をプロジェクトメンバー間で合意形成し、「価値分析モデル図」と「価値デザインモデル図」に反映させます。

このように、ブランド・プロジェクトチームの「集合意志」を固めるために「価値分析モデル図」と「価値デザインモデル図」を使い、それらの要素を洗練化させてブランドデザインにつなげるために、ブランドコンセプト体系を使うというのが重要なポイントとなります。

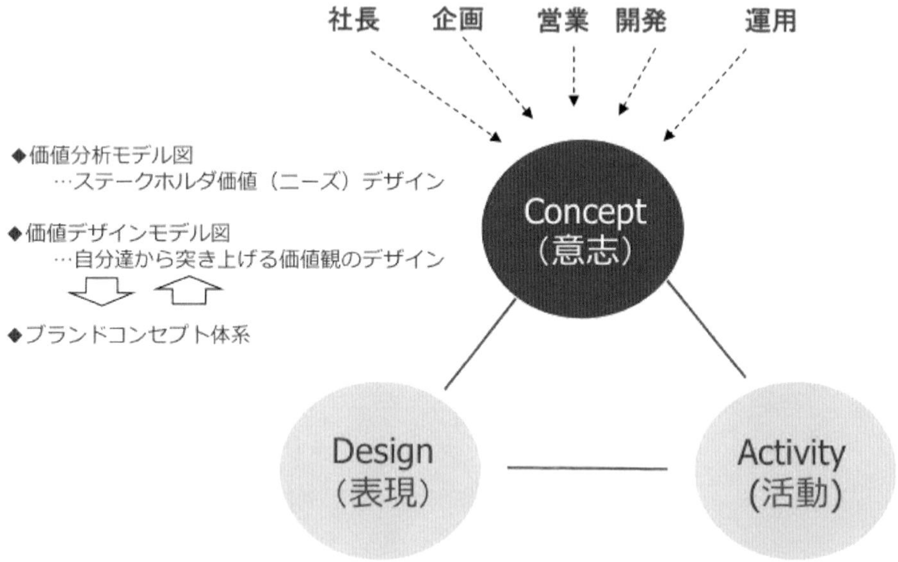

図 5.5　2つの図の要素によりブランドコンセプト図を作成する

Step2「表現」をデザインする

「表現のデザイン」は、ブランドデザイン専門のメンバーが中心となり、プロジェクト内とは別途のクリエイティブ作業を行っていきます。ここでは、ブランド・プロジェクトチームで作成した、ブランドコンセプト体系を使って「表現」として次の図のようにブランド素材をデザインしていきます。ブランドシンボルとは、ロゴなどブランドを象徴する基本要素です。デザインシステムとは、どのようなスタイルで活用するかのルールを示したものでデザインマニュアルとして規定していきます。展開デザイン（Web、パンフレット、プロダクトパッケージ等）は、ブランド形成に必要とされる各種ツールなどのことです。これらの見本が挙がると直ちにプロジェクトメンバーに提示され、メンバー間で共有され、デザインの方向を定めていきます。

この図のように「意志」で作成した図を元にして「表現」が作成されることになります。また、「表現」が作成されると、それを元に当初の「意志」に進化的な変更をもたらすこともできます。このような「意志」と「表現」の行き来により両者が洗練され発展していきます。

こうしたアジャイル（機敏）なアプローチにより、迅速で適応的にブランド・プロジェクトを進めることができるため、想像を超える結果を短時間で導きだすことが期待できます。

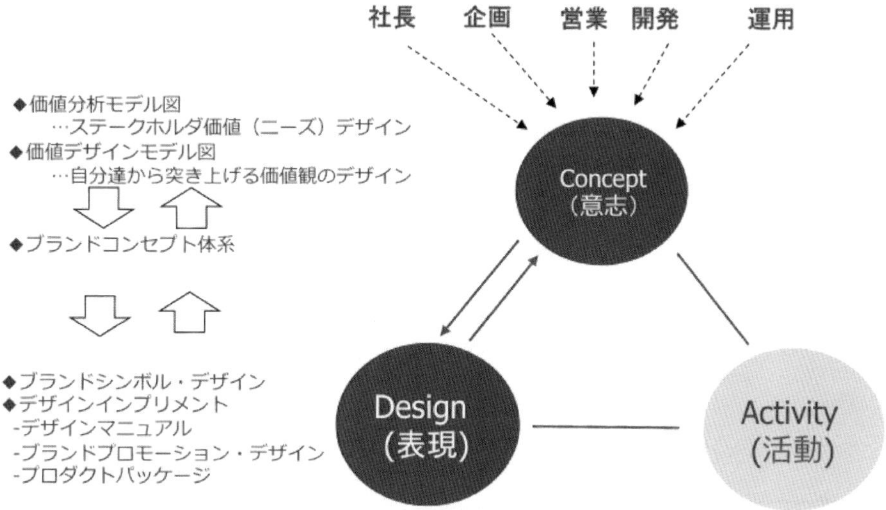

図 5.6 「意志」の図を元に「表現」をデザインする

Step3　活動をデザインする

ブランド・プロジェクトでは、「意志」を「活動」につなげることも重要です。表現された価値ばかりが魅力的であっても、事業ブランドとしての戦略的な狙いや、具体的な製品開発（製品開発戦略）や製品販売活動（営業戦略）としてどのように進めていくべきかが明らかでないと、「表現」として見いだした価値も絵に描いた餅となります。

そこで、「意志」として作成した2つの図（価値分析モデル、価値デザインモデル）を元にして、「活動」につなげていくための図を作成します。「活動」の図には、「要求分析ツリー」（プロジェクトの課題をツリー化）」、「ビジネスコンテキストフロー（業務の流れ図）」、「ゴール記述モデル図（活動のKPI）」などがあります。これらの図によって「活動」の指標が明確になります。

また、「表現」で作成されたロゴイメージや各種キャッチフレーズなども、具体的デザインイメージがプロジェクトメンバーに共有されて、「活動」をサポートする働きがあります。

「活動」の図を作成することは、「価値」に基づいて企業戦略、業務戦略を思考することとなり、「企業としてのやるべきこと、やりたいこと」を従来の業務慣習から離れて組み立て直すことになります。「価値」をベースに論理的な再構築を行い、最終的に「活動すべきこと」を導き出していくのです。活動すべきことが明確になると、参加者の強い意志が生まれます。これが図5.7中の「意志」へのフィードバックの矢印の意味です。また、「活動」が明確になることで、「表現」が具体化されることがあります。これが「表現」へのフィードバックの矢印を示します。

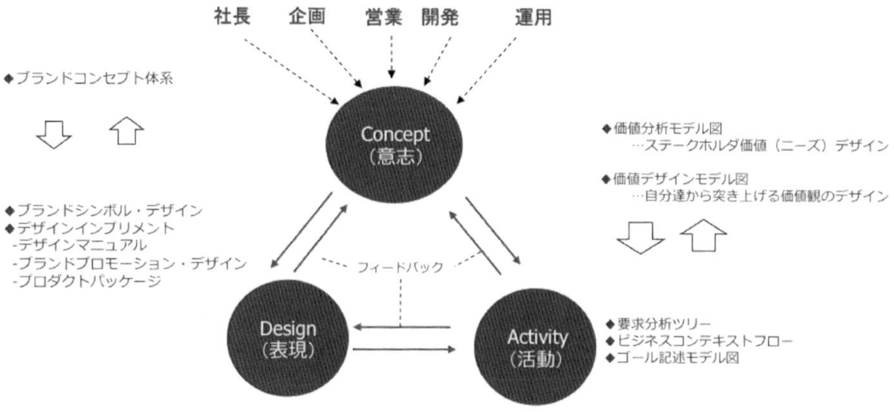

図 5.7「活動」をデザインすることで「集合意志」が強化される

人の考えはカタチにしなければ伝わらない

ここまで説明してきたような「意志」のデザインや「表現」「活動」のデザインは良い社会・良い企業・良い組織・良いサービスを作りだすための考え方ですが、強調しておきたいのは「人の考えはカタチにしなければ伝わらない」ということです。

たとえ社長やプロジェクトリーダーが強い意志を持っていたとしても、他のメンバーは同じ意志を持っているかどうかは分かりません。あるいは強い意志ではなく漠然とした意識としてしか持っていないかもしれません。このように頭の中にあり他人に説明できていない状態を「暗黙知」といいます。

この暗黙知の状態を形式知化していくことを「匠 Method for BRANING」では「意志」、「表現」、「活動」の見える化によって実現しています。

次図で示しているのは、「強い意志」をカタチにして説明可能にしたり行動可能にしたりするため「表現」と「活動」のデザインを行い、そのデザインされたものを共有化し、暗黙知にあった関係者のそれぞれの意識を「強い集合意志」に変化させることで、自分自身の「想い」「自信と誇り」「生きがい・やりがい」「社会的責任」「語りの力」につなげていく流れです。

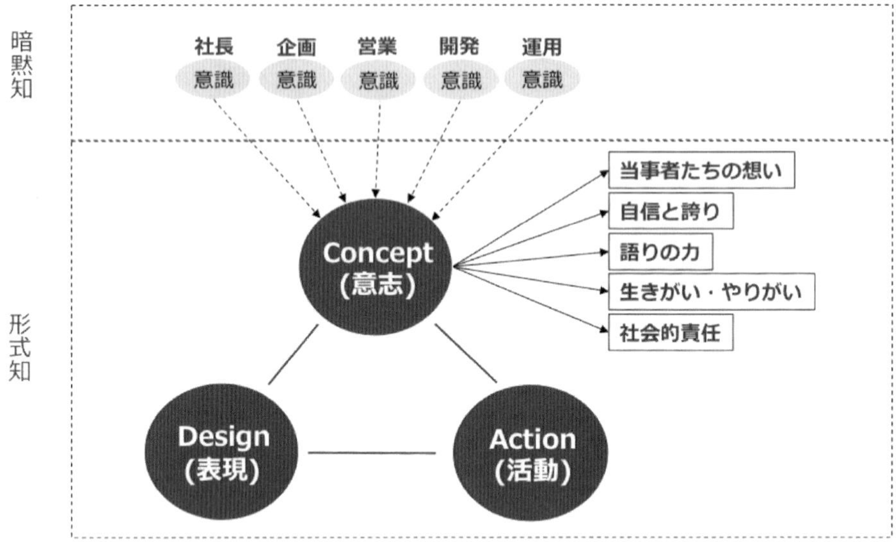

図 5.8 人の考えはカタチにしなければ伝わらない

集合意志をブランドとしてデザインする

「ArchBRANDING」には、「意志」、「表現」、「活動」の３つの要素の強化によりブランディングにつなげるというコンセプトがあります。「デザインされた図」を活用して、ブランド形成を図り、社外と社内に浸透させていくことで、市場（ユーザー）や社員の価値を手元にたぐり寄せていきます。

「ArchBRANDING は、これをスピーディーに形成し実行していきます。たとえば24時間（プロジェクトチームによる５～６回程度のセッション）という短期間で仕上げて、社外展開に活用できるベースを作ります。また、社内には宣言型で早急に事を進める準備をしていきます。実際のブランド形成やサービス開発には時間がかかりますが、この初期段階をアジャイル（俊敏かつ段階的に）に進めるのが「ArchBRANDING」なのです。

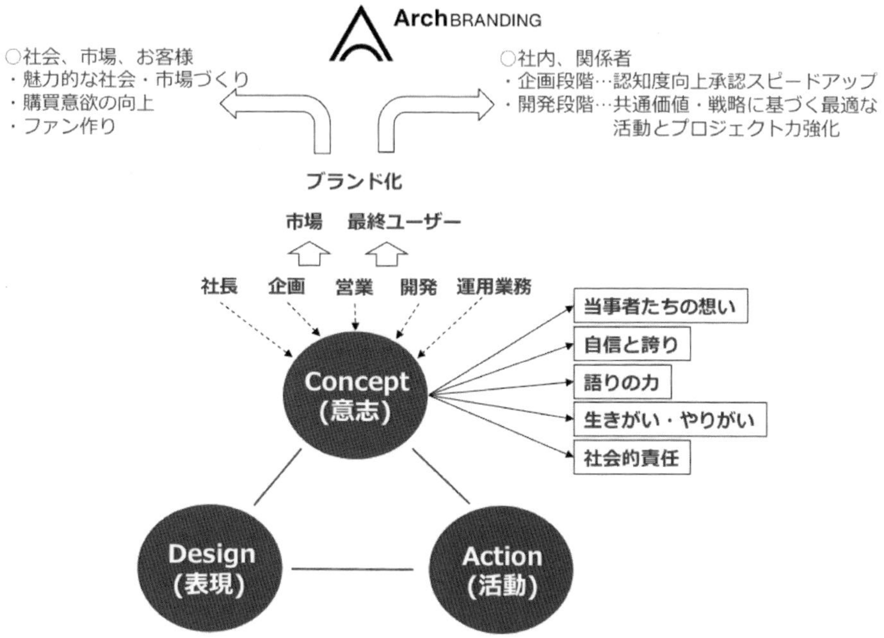

図 5.9　ブランディングは、外（市場）と内（社内）に展開される

人が価値を感じる根底にあるもの

ブランドとは、人が感じる価値を最大限に表したものだと思います。これを「意志」、「表現」、「活動」という要素で示してきましたが、私事となりますが、少し「気持ちの動き」に寄り添った説明をしてみたいと思います。

私はクラシック音楽を好んで聴くのですが、ショパンの「ピアノ協奏曲第一番」ホ短調などは若いころからとても美しい曲だと感じていました。数年前、たまたま視ていた『のだめカンタービレ』というドラマで、この曲を演奏しているシーンの時に、ショパンが故郷のポーランドからウィーンに旅立つ前のワルシャワでの告別演奏会で、自らのピアノ独奏により初演されたとものだと主人公が語っていました。

私はそのことを知ってからというもの、この曲の美しいメロディと、ショパンの故郷への心残りやウィーンに向かう意欲を持って演奏している姿とが合わさったイメージが頭に湧き出て、曲を聴くだけでも涙が出るような感動を覚えるようになりました。ますますこの曲が好きになり、ついには最も好きな曲になってしまいました。

このように音楽を好きになる際に、その背景にある出来事を知ることで、さらに深く魅力を感じることがあります。皆さんはいかがでしょうか？

このことを「意志」、「表現」、「活動」で表すと次図のようになります。ここでの「活動」は「活動の計画」ではなく、実際のショパンの活動を元に一種のストーリーとして捉えたものです。私がこの曲を一層好きになっていった背景には、ショパンの望郷の想いと強い意志とを美しい曲と共に感じ取れるようになった（ブランド化）ことがあったと考えてよいのではないでしょうか？

私の好みは、いつもこのようにストーリーとセットで魅力が高まっている音楽であることに気がつきました。たとえばモーツアルトの『Lacrimosa（レクイエム）』という曲は『アマデウス』という映画で、モーツアルトが亡くなる直前に作った曲だと知り、この曲を聴くとモーツアルトの意志や感情がそのまま伝わってくるのです。

表現と活動を通して強烈に私の心に訴えてきて、音楽を聴くだけでその生き方に感動し涙してしまいます。時代を超えて、まるで人としての生きざまを教えられているようにも感じるのです。

このように、「意志」、「表現」、「活動」は人が価値を感じる根底にあるものを表していると思います。また、ここから分かるように、ブランディングは立ち上げ時に構築するだけではなく、企業活動やサービスの展開において、蓄積された活動をストーリーとして「価値」を見出し、そのことによって構築することもあります。

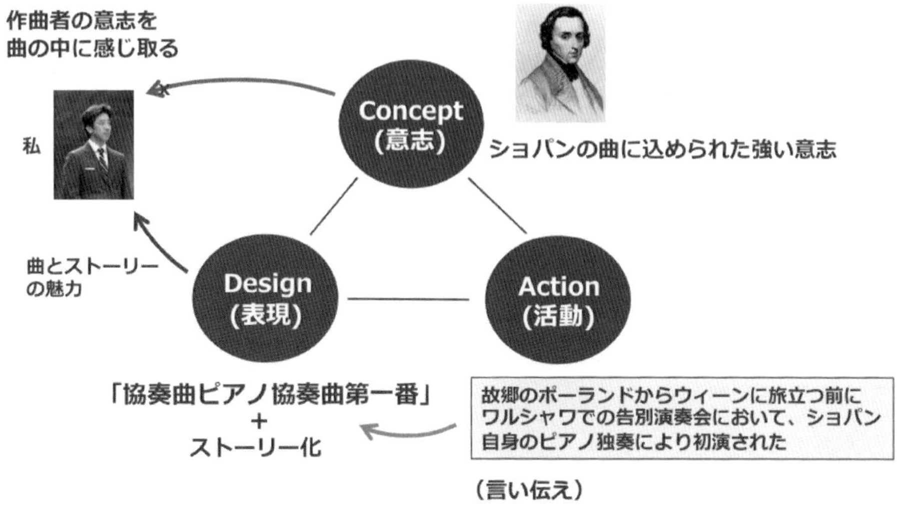

図 5.10　音楽の魅力には背景にストーリーがある

形式知としての表現と活動

ショパンの例のように、「活動の蓄積」はストーリーというカタチにして「表現」することで、より魅力的な世界観を生み出します。それは人の頭の中で一体となるのです。第１章で述べたように、「表現」と「活動」は２つの思考法と関係します。それがデザイン思考とシステム思考であり右脳と左脳が役割を担うと言われています。

一般的に、この２つの思考を同時に得意とする人はほとんどいないと思います。デザイン思考が得意な人は、システム思考が苦手なものです。その逆の人もいます。しかし、ショパンの例であげたように日常の思考の中では脳が一体となって機能し、そこから価値を感じる感性が生み出されているわけです。そう考えると実は、人間誰もが持ち得ている特技とも考えることができます。

これを仕事で活かそうとすると余計な知識が邪魔をしています。たとえばデザイン思考的な発想は企画がやればよいとか、システム思考はシステム開発部門がやればよいとかという風に考えられてしまうのは、組織や社員の持っているこれまでの常識が邪魔をして思考停止をしてしまうからです。

「匠 Method for BRANDING」はこの「常識」にメスを入れ、ヒトの感覚を刺激しつつ、よりよい方向に向かうためのやり方を手法化しました。それが「意志」と「表現」と「活動」を分けつつ、行き来する方法なのです。このことを、デザイン思考とシステム思考と定義して右脳、左脳の役割だと考えてしまうと別々のものとして分断されがちです。

最近では、デザイン思考とシステム思考の両方を持つべきという考え方も出てきていますが、どのようにつながるかという説明やどのようなつながるモデルがあるか、説得力のあるものには至っていません。私はこのことを10年にわたり、人の心の領域と、知識の領域という2つの側面から自分の脳を実験台にして観察し、研究・実践を重ねてきました。

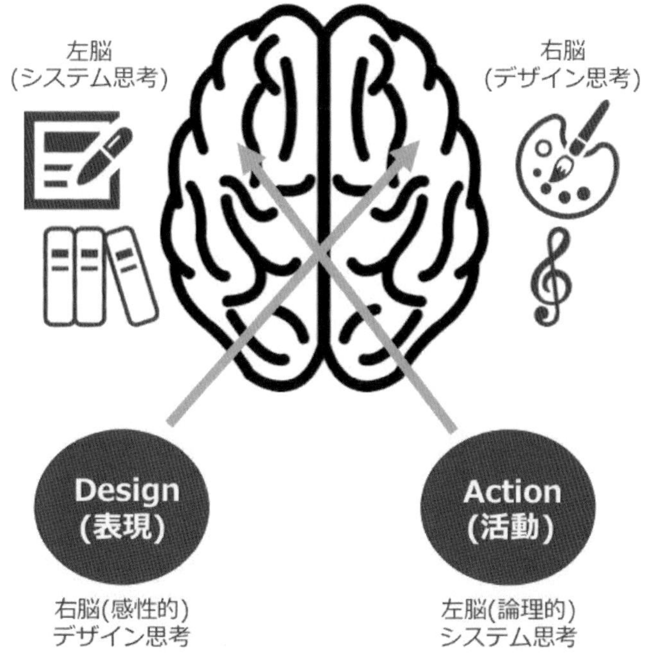

図 5.11　デザイン思考とシステム思考

その中でデザイン思考とシステム思考を分類する方法、両者をつなげる方法、そして同時並行的に思考する方法を追求してきました。

「匠 Method for BRANDING」は、デザイン思考とシステム思考を「分けてつなげて並行で走らせる」思考法です。しかし、それを心の領域として「意志」、「表現」、「活動」として表すことで、普段、景色を見て美しいと感じることや、芸術を味わう感覚と近いかたちで説明できるように心掛けました。このような思考法は特別なことではなく、普段の生活の中で感じるものの延長で考えられることが大切であると思います。

第６章

自動車業界を事例に
ブランディングアプローチを考える

第6章 自動車業界を事例にブランディングアプローチを考える

ドイツ車からの衝撃で「デザインの価値」を知る

私は創業期の自社の会社創りや手法創りにドイツの自動車産業をおおいに参考にしました。自動車が生活必需品となっていく過程で蓄積されてきた自動車産業の知見は、デザイン、エンジニアリング、テクノロジー、そして人間工学といったすべてが融合されており、またその中でブランドが育まれたことで、参照すべきテーマがふんだんに存在するからです。

私は、ドイツ車に初めて乗った時の衝撃を忘れることができません。それは40歳の頃でした。それまで、クルマなど贅沢品としか思っていませんでしたので、故郷の親のクルマを運転するだけでした。40歳になり、初めて購入したのは安全なクルマと考えて選んだBMWですが、このドイツ車が完全に私のクルマの概念を変えてしまいました。「移動のための道具」と思っていたのですが、走ること自体がとても楽しいのです。当初、その魅力がどこから来るのか不思議でしたが、エンジンとシャーシ、そしてハンドリング、ブレーキなどのトータルなアンサンブルで人が感じる心地良さを演出していることが段々と分かってきました。そして、さらにそのことは広告やパンフレット、雑誌記事等により展開され、やがて「ここが良いのだよ」と私の心に囁かれます。つまりエンジニアリングとデザインが融合され、さらに経験値の高いマイスターが最終的な乗り味を調整することで価値を高めていくような「クルマ作り」を、BMWに感じたのです。またクルマをユーザーに届ける前や後にも、緻密なブランディングによって、私が感じた「価値」が提供されているように思いました。

これらのことが、ユーザーである私の中に「このクルマは走ると楽しい、エンジンがとても気持ちいいんだよ」と意識されます。それは重層的なプロモーション展開等によってすり込まれていきます。

ブランディングによる意識の変化とはこういうことを指すのだと思います。

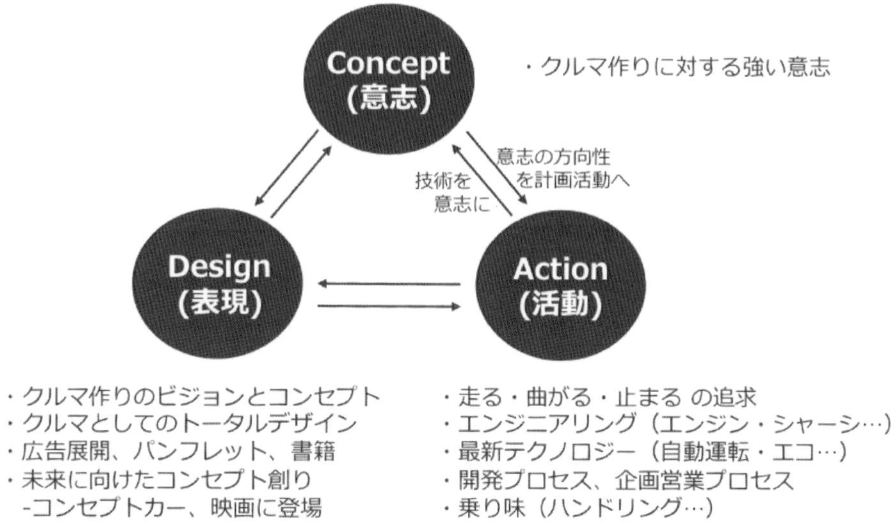

図 6.1　クルマのブランド創り

宣言型ブランディング：アバンギャルドを起点に

ブランディングとは、「宣言型で活動する」ことであるという風に考えることもできます。いいかえれば「価値」をデザインして、それを目標として、たとえば「クルマ作り」を行っていく活動のことです。

「クルマ作り」の比較的大きな周期ではコンセプトカーがこの典型例といえます。コンセプトカーにより、私を含む多くの人たちは、未来のクルマとしての魅力に惹かれて、それに近いカタチで発売されるクルマを購入したくなるのです。これはコンセプトカーを登場させた時点で、ユーザーの価値観を手元（メーカー）にたぐり寄せるような行為とも考えられます。

コンセプトは革新的デザインを市場に打ち出し、問いかけるだけではなく、市場の価値観を自分たちに近い所にたぐり寄せる、そんな力もあるものです。このような革新的な試みのことをフランス語でAvant-garde（アバンギャルド）といいますが、自動車メーカーにおいては、アバンギャルドとしてのコンセプトカーを起点に次のビジネス創りが進められているわけです。

同様の活動に、季節ごとのファッションショーにおける服飾の新作発表があります。街中であのような最新モードを着ることは一般人にはなかなかできませんが、そのモードを取り入れた、話題になる服が発売されると買いたくなるのでしょう。

これは、ファッションショーによってユーザーの未来に向けた価値観が、ファッションを創造した当事者（メーカーやデザイナー）の方にたぐり寄せられていくために、いつの間にかそれが素敵に思えてしまうのです。

コンセプトカーが完結するのは、メーカーにより異なると思いますが３年〜７年でしょう。その間にメーカーからすればまんまとクルマを２台買い替える人もいるわけです。

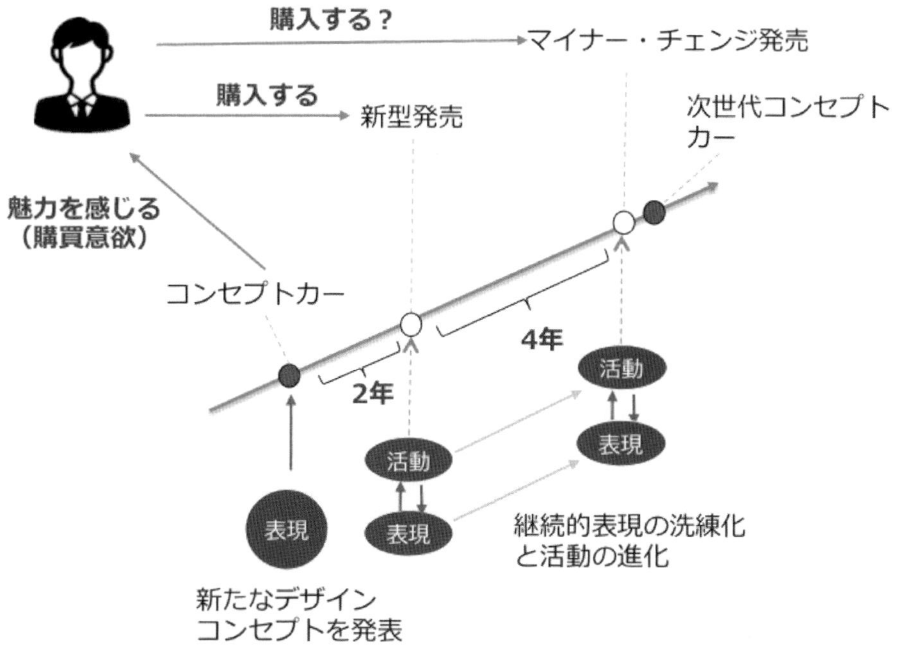

図 6.2 クルマ作りのライフサイクル

ユーザー体験型ブランディング：ストーリーをデザインする

クルマ作りにおけるブランディングは、「表現」と「活動の強化」の調和が重要なものとなります。商品戦略としては、クルマ種別ごとの戦略や、どのようなユーザーをターゲットとするか等々の課題があるでしょうが、純粋に魅力的なクルマの追求という観点に絞ると、「表現」と「活動の強化」が調和していることが魅力につながります。それは単なる「表現(見た目のデザインやサービス)」だけではなく、それらが「活動（エンジニアリングの追求、テクノロジー、活動プロセス)」との融合を果たしていることが重要です。この融合とは、たとえば試乗した時に感じる走りの魅力、洗練されたクルマのデザイン、ディーラーのショールームの全体からかもしだされる統合された雰囲気、お客様に対する営業の対応などの統一感などの領域にわたります。さらにクルマを人が感じとる「乗り味」という人間工学的エッセンスもこの融合の要素として大切なものです。このように「表現」と「活動」の調和、そして人が感じる価値（体験価値）との調和によりブランド形成がなされているのです。

新車が世の中に登場すると、ユーザーは、表面的な数値には表れない「乗り味」という感覚により、走る楽しさを知り、たとえばそれをブログ等で語り、評判となります。またモータージャーナリストが新車のレビューを書くことで、そのクルマの魅力がメディアを通して伝わります。

ただ、こうしたことをしっかりブランドとして根付かせるためには、「ユーザー体験」をストーリーとしてデザイン（表現）していくような、際立たせる工夫が必要となります。つまり「ユーザー体験」を価値として表現するわけです。これは著名なモータージャーナリストに評価をしてもらうことや、ユーザーにインタビューをすることなどにより、それを広報・ＰＲや宣伝として使うというものです。

もちろんユーザーの「体験価値」の評価が低い場合、逆効果となってしまいます。そこで、クルマ作りにおいて「乗り味」を仕上げるマイスターが、ユーザーの「体験価値」を前もって取り込み、プロの感覚でデザインしておくことはたいへん重要なポイントとなるのです。これはエンジン性能の向上、シャーシの強化、ブレーキ性能の向上等々の個々のエンジニアリングと併せて、トータルバランス、さらに人間の感覚をデザインするということを意味し、非常に緻密で、重層的なことを担っていると思います。次図ではクルマ作りにおけるこのような役割を「作り手マイスター」という名で示しています。

図のように、「作り手マイスター」は、メーカーの「意志」の一部ですが、その「活動」の中でユーザーの「体験価値」をデザインすることによって、ユーザーに直接的な魅力を伝搬することで、前もって「デザインされた体験価値」

をユーザーと共感することができるわけです。

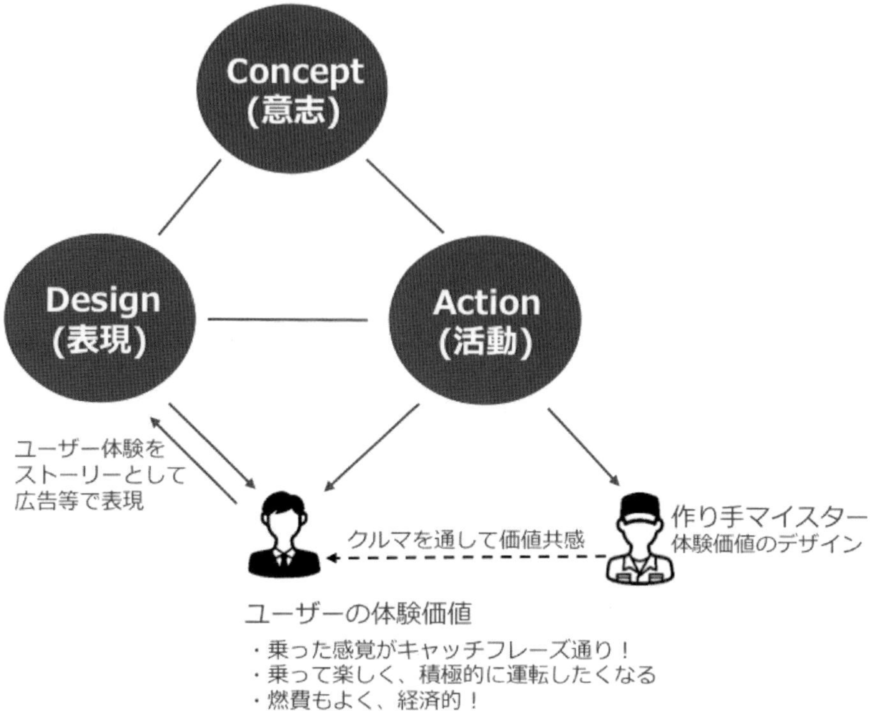

図6.3　ユーザー体験をストーリーとしてブランド化

このような点で、日本の自動車メーカーは、「表現」と「活動」の融合に不十分なところがあったように思えます。ここ10年位で日本車もかなりこのような部分に力を入れてきていますので、今後の成長を楽しみにしています。

「活動蓄積型ブランディング」：日本の「匠」はブランドになりうるか

これまで述べてきたこととは異なるブランディングもあります。ホンダのスーパーカブが世界で1億台売れたとニュースになっています。スーパーカブは世界中にファンがいてブランディングがしっかりできていると考えられます。私の息子もスーパーカブの大ファンです。彼が自分のブログに「スーパーカブが世界で1億台売れた」ということを載せた際に、私は、スーパーカブの魅力を3つ教えてと尋ねてみました。息子はかなり悩んだ末に、つぎのような答えを載せました。

1. 伝統的なデザインの洗練化
2. 道具としての信頼度の高さ
3. 貴重ともいえる手動変速

この答えからみるスーパーカブというブランドは、ここまで話題としてきたブランドとは明らかに異なります。これは、強い意志の伴う活動の繰り返しにより、ユーザーから認められユーザーが作りだしたブランドということになります。まさに日本企業が実践してきたブランド形成のやり方でもあります。

日本の町工場が世界的な技術を持っていることがさまざまな事例や実績を通して、知られるようになり、徐々にブランドとして認識されてきています。あるいは、江戸時代中期の伊藤若冲、後期の葛飾北斎のように、今となっては世界に認められブランドとして定着している絵師がいます。そこにいたるまでには、多くの時間を必要としました。

日本の「匠」が社会で評価されにくいのは、その活動、成果物を「ブランド」として形成するのに長い時間がかかるという問題があります。また、そもそも

「匠」側にブランドを形成するという関心がないのが問題なのかもしれません。中身で勝負しようというわけで、それが日本的な美学として「匠」に根付いているのだと思われます。

「活動蓄積型」のブランド形成は時間がかかるということはありますが、やり方次第では高付加価値なものを生み出すことが可能です。それは蓄積された営みを「ストーリー」や「言葉」として表現することによって、ブランディングとして光らせていく方法です。

たとえば、BMW には直列６気筒というエンジンがありますが、世界中のメーカーはサイズ的な問題でこのタイプのエンジンからは撤退しました。しかしBMW だけはこの直列６気筒エンジンを徹底的に追求することによって、シルクのように滑らかに回る＝「シルキーシックス」と呼ばれる魅力的なエンジンとして育て上げ、数々のインターナショナル・エンジンオブザイヤーを獲得してきています。他メーカーにも、スバルやポルシェの水平対向エンジン、マツダの復活が期待されているロータリーエンジンなど個性豊かなエンジンがあります。

このようなエンジニアリングの追求は、そのままブランドを創りあげるストーリーとして表現することができるものです。これを企業がどのように育て上げ、どのようなストーリーとして演出するかがブランディングの勝負の分かれ道となります。日本企業を見ていると、外部評価が高い「活動蓄積型ブランド」を長時間かけて形成することはできるのですが、自分たちの強い「集合意志」をうち立て、自らをブランド化していくという「表現」の努力や能力が低いように思われます。

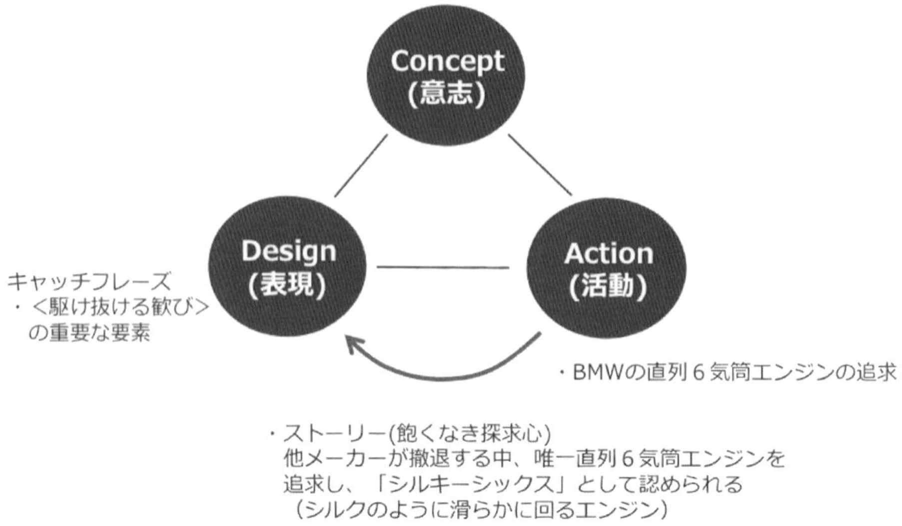

図 6.4　継続的活動をストーリーとしブランドとして展開

プロダクトのブランディングサイクル

ここまで自動車会社を例にブランディングの３つのタイプを説明してきましたが、これを製品のブランディングとして時系列的に考えると次図のように表せます。

１つめの「宣言型ブランディング」は、新製品が登場する際に、宣言型でブランディングを展開していきます。２つめの「ユーザー体験型ブランディング」は、企画開発の途中からユーザー体験の設計を始めて、ユーザー体験をストーリーとしてブランド化していきます。3つめの「活動蓄積型ブランディング」は、強みとする「活動」をブランドとして展開していくもので、発展期の途中からとなるでしょう。このようにプロダクト・ライフサイクルの全域においてブランディング活動は重層的に展開されるものとなります。

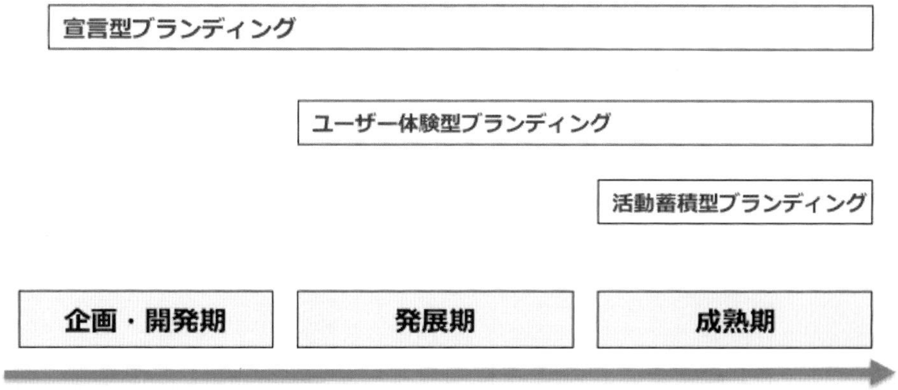

図6.5　製品プロダクト・ブランディングサイクル

第７章

ArchBRANDINGサービスの立ち上げ

第７章　ArchBRANDINGサービスの立ち上げ

私の経営する「匠 Business Place（以下 匠 BP)」は 2018 年 1 月より、デザイン会社 F-INC. とのコラボレーションで、ブランディング事業のサービス「ArchBRANDING」（アーチブランディング）を開始しました。

「ArchBRANDING」は従来のブランディングの常識を超えるアプローチを備えています。それは、「表現」と「活動」をつなげるメソッドによるものです。ArchBRANDING は、想像を超えた成果を短期間でもたらすことができるようになります。なぜこのような成果を短期間でもたらせるのかというと、それは ArchBRANDING の各プロセスにおけるサービスに、次のような特徴があるからです。

・「表現」と「活動」がプロジェクト内で分断されないため活動意識が高くなる
・「表現」から狙いを定めた「活動」がデザインできるため、戦略的アプローチが有効に働く
・「活動」から「表現」をストーリーによって描くことで継続的なブランド進化ができる
・「表現」と「活動」を活用することで、組織の「意志」を強固にしたチームが作れ、メンバーのモチベーションが高まる
・スピーディーに「モデル図」を作れる専門家がいる
・プロジェクト間で「意志」「表現」「活動」の橋渡しが行え、共有化できる
・シンプルな「モデル」を使うため分かりやすく重要事項がしっかり記憶される
・ブランディング素材をスピーディーに作れる専門家がいる

・ブランディング素材をアジャイルにチームに提供できるため洗練化が早急に進む

この章では、このような特徴を持つ ArchBRANDING のチーム構成や、プロセスについて説明していきます。

なぜ「ArchBRANDING」をスタートさせるのか？

これまでのブランディングとはどう異なるのか、なぜこのアプローチが有効なのかということを、ArchBRANDING を私たちと共に提供していく F-INC. 社の代表取締役社長である萩原房史氏に語ってもらうことにしましょう。

ブランディング会社からの視点で、なぜ Arch BRANDING をスタートさせるのかご理解いただけると思います。

1990 年に F-INC. を創業し、27 年を越える歴史の中で 100 を上回る企業のブランディングのサポートを進めてきました。多くのお客様（企業や組織）がブランディングを導入し成果を得ると、我々はとても嬉しく生きがいを感じます。その一方でブランディングを導入して新たなビジョンとブランドイメージでスタートしても、最初のコンセプトが実際の活動や行動の段階でうまく繋がらず、目標としていた成果を得られないケースも幾つか見てきました。

ブランディングはローンチすることが目的でなく、それはあくまでもスタート地点であり、芽生えたブランドをどのように育み、生長を促進し、周りの方々に深く愛される存在となることができるかということがとても重要です。

この当たり前のことがなかなか実現できず、理想と現実に齟齬が生まれてしまうことを日々感じていました。この課題は多くのブランディングに携わる人々が抱えていると思います。このジレンマを解決する手段はないか？つまり、単にブランドイメージの向上というレベルを超え、真のブランド価値を実践的に創るため、イメージと実態の合理的な融合化が出来ないか？と。

そこで出会ったのが「匠 Method」です。

我々が得意とする、ブランドコンセプト（意志）の明確化とそれを言語化・デザイン化する（表現）手法。一方、匠 BP の「匠 Method」が得意とする、潜在しがちなブランドコンセプト（意志）の可視化と戦略を通して実践的なアクションに結びつける「活動」へと落とし込むメソッド。この二つの手法の出会いです。

この出会いにより、お互いを補えることはもちろん、実はお互いのパフォーマンスを格段に高めることができたのです。

私たちはクリエイティブとメソッドを融合することで、お客様と共にスピーディーかつ柔軟に【意志】×【表現】×【活動】といった、お互いが連鎖しブランドとして本質的な価値向上を約束できるサービスを生み出しました。

私たちは、他に類のないこのサービスを「ArchBRANDING」と名付けました。

この名前には、【表現（Design）】と【活動（Action）】の架け橋、お客様と我々との共創の架け橋、お客様との成果を通して社会により良い架け橋をたくさん創っていきたいという想いを込めています。（F-INC.　代表　萩原房史）

いかがでしょうか？

萩原氏が述べているように、未来に向けた真のブランディングの価値を、私たちはカタチにするために ArchBRANDING をスタートさせることにしたのです。

ArchBRANDINGを開始する3つの動機パターン

ArchBRANDINGでは、ブランディングの最大効果を獲得したいと考えるユーザーは、次の3種類の動機パターンがあると考えています。それぞれの動機パターンごとにプロジェクトの進め方が異なりますので、3つのケースそれぞれを解説していきましょう。

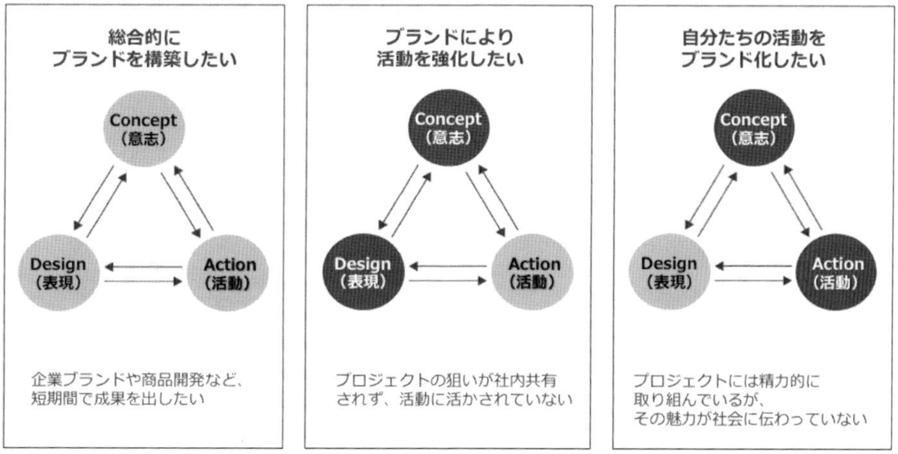

図7.1 ArchBRANDINGを開始する動機パターン

Case1 総合的にブランドを構築したい

この動機パターンは、企業ブランドを確立すると同時に、関係する活動のデザインを総合的に行うことや、商品開発を同時並行で進めるようなケースであり、ArchBRANDINGのサービスプロセスの主軸となるものです。

この企業ブランディングの例として、飲料メーカーのサントリーを見てみましょう。サントリーは企業ブランディングとして「水と生きる」というブランドステートメントを掲げています。そして、そのステートメントを体現する「天然水の森」という「活動」を行っています。天然水の森を守り、森の土を守るために50年、100年先を見つめた「活動」を行っているのです。活動は広がり『天然の森』倍増計画、育林材プロジェクト、ワシ・タカ子育て支援プロジェクト、などといった多くのプロジェクト活動が生まれています。

ArchBRANDINGでは、この例のような企業のブランド構築の根幹となる部分のグランドデザインと、ブランド力を向上させる個別のプロジェクトを並行的に行なっていきます。このような方法によって、経営の「意志」がブランドの基盤としてデザインされると同時に、ブランド力を向上するために必要となる個別の活動の「意志」「表現」「活動」へとしっかりと継承し、個別プロジェクトのスコープを沿った、「表現」と「活動」のデザインを行うことになります。

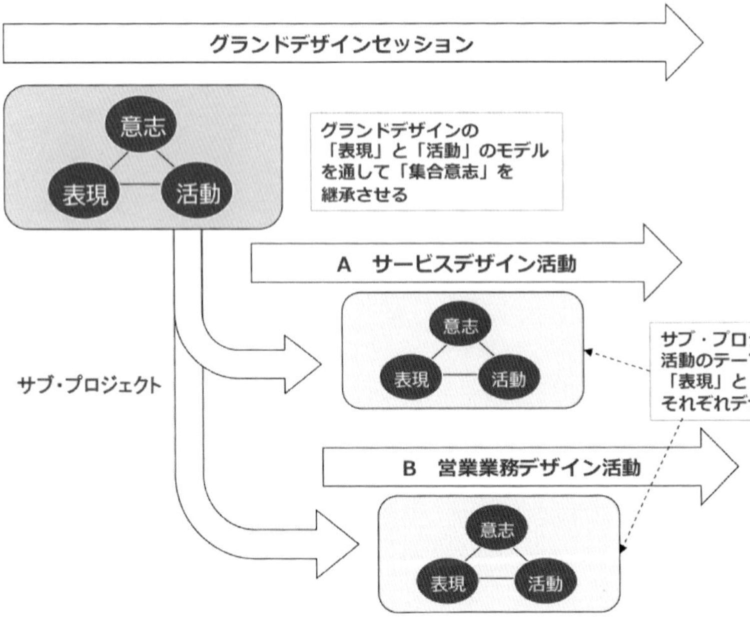

図7.2 グランドデザインのモデルを継承したサブ・プロジェクト

Case2 既に策定されているブランドの活動を強化したい

この動機パターンは、当該企業に既にブランドが策定されているけれども、社内活動に活かされていないケースです。つまり、「表現」と「活動」が分断されている状況なのです。たとえば、「家庭の幸せを育む」というブランドを創り上げているものの、企画部門も営業部門も具体的な提案施策につながっていないという状況があり、社員のブランドに対する意識やモチベーションが低いといった問題がある場合などがこれに当たります。

このようなケースでは、ブランドデザインとして表現されている「家庭の幸せを育む」を表すさまざまな「ブランド素材」を元に、「意志」のモデル（「価値デザインモデル」と「価値分析モデル」）を作ります。その後、これらの「価値デザインモデル」と「価値分析モデル」の要素から「活動」の要素を導き出します。具体的には、「要求分析ツリー（戦略要求 - 業務要求 - 活動のツリー化）」や「ゴール記述モデル」という図を作成していきます。この一連のデザイン作業により、ブランドを基軸とした業務活動へのロードマップが「見える化」されます。

ここまで来れば、企画や営業の社員も、ブランドとして策定されている組織の「意志」を達成するための「活動」が理解できるようになるため、ブランドに誇りを持つことができ、モチベーションも向上することでしょう。

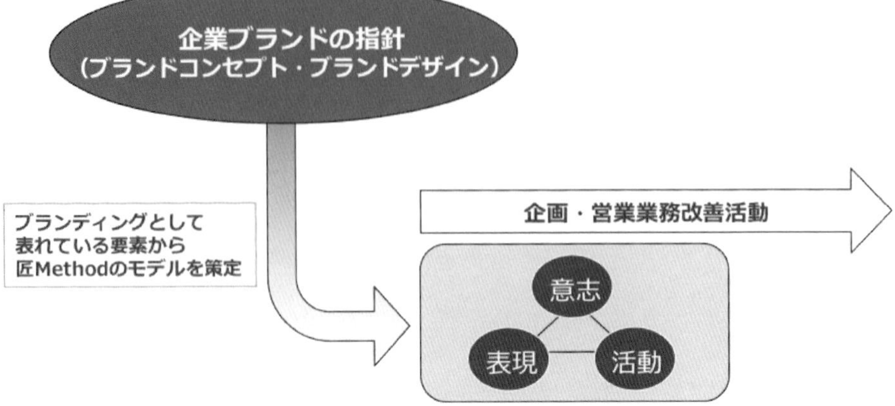

図 7.3　ブランディングを匠 Method のモデルに落とし込む

Case 3 自分達の活動をブランド化したい

このパターンは、プロジェクトに精力的に取り組んで魅力的な商品・サービスはできているにも関わらず、その魅力が社会やユーザーに充分に届いていないというような悩みがあるケースです。良い商品やサービスを持ちながら、社外に対してブランド訴求がしっかりできていないと考えられます。

このケースでは、既に匠 Method を活用している組織であれば、匠 Method の「意志」を表す「価値デザインモデル」と「価値分析モデル」によって「表現」への橋渡しを行います。また、場合によっては「意志」のモデルを、よりブランディングを意識したカタチにリデザインする必要があるかもしれません。

匠 Method を活用していない組織では、これまでの商品・サービスの展開活動を「表現」と「活動」のモデルを作成することにより「見える化」していきます。そこから見えてきたブランディング要素をブランディング担当へ橋渡しできるようにするのです。こうすることで、今後「表現」、「活動」の循環による継続的なブランド策定が可能となります。また、この際に、自分達のこれまでの「活動」を「表現」から見直すことになりますので、新たな「活動」のブラッシュアップにもつながるでしょう。

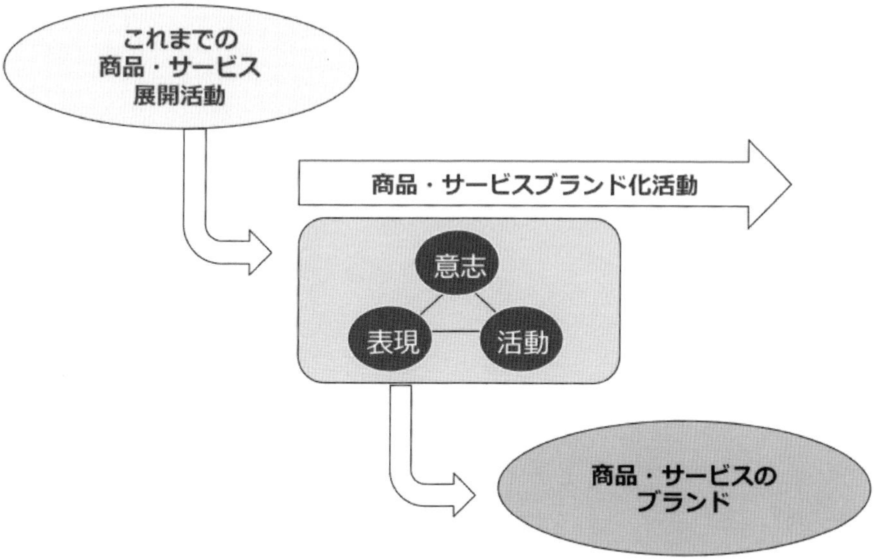

図 7.4　これまでの活動を匠 Method で見える化しブランド策定へ橋渡しする

ArchBRANDING プロセス

ArchBRANDING では、お客様と私たち F-INC. と匠 BP とがワンチームで「セッション」を進めていきます。このセッションのことを「グランドデザインセッション」と呼んでいます。また、この「グランドデザインセッション」は、「表現」から「活動」までワンストップで落とし込みを行うことで、「表現」と「活動」が分断しないようにするところに特徴があります。「グランドデザインセッション」は、基本的に宿題などの持ち帰りを行わず、セッションの中でチーム一丸となってスピーディーに短時間で作成していきます。

そのスピード感は、「グランドデザインセッション」の場合、15 時間程度（たとえば 3 時間 × 5 回）で全工程を完了します。具体的には、１モデルの作成につきおよそ2～3時間程度で仕上げていきます。

このようなことを可能にするためには、匠 Method によるデザインに熟達した匠 Method ファシリテーターが必要です。その役割は、匠 BP が行うことになります。しかし、「セッション」の中でブランディングの素材となるブランド・ステートやブランドシンボルの策定というブランディングデザインの専門的な活動はできません。ブランディングデザインは、作成されるモデルやセッションで飛び交う議論を元に F-INC. がクリエイティグワークとしてチームに提供していきます。

こうしたプロセスによって、従来、非常に長い時間をかけていたブランディング策定活動をかなり時間短縮することができ、さらに「活動」まで視野にいれたブランド策定ができるようになりました。

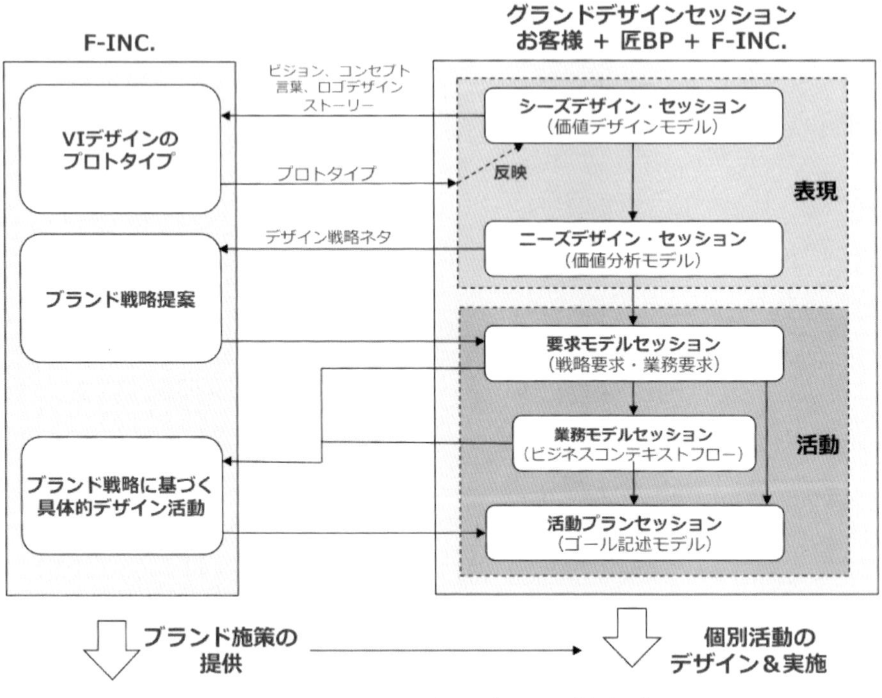

図 7.5　ArchBRANDING のブランド策定プロセス

第８章

ブランディング・プロジェクトは
どのように進めるのか？

第８章　ブランディング・プロジェクトはどのように進めるのか？

新たなブランディング・サービス「匠 Method for BRANDING」の理解を深めるために事例を紹介します。ここでは私たちの「ArchBRANDING」ブランド策定自体をその活動プロジェクトの立ち上げの過程を含めご提示したいと思います。実際には、「匠 Method for BRANDING」の策定も同時並行で進行しましたので、一部にフィクションもあります。立ち上げの雰囲気を味わっていただけるよう少し物語風に進めていきましょう。

夢をカタチに（４月）

2017 年 3 月 22 日の深夜に私は目を覚ましました。とてもリアルな夢を見たのです。それは、匠 Method を企業や製品のブランディング・プロジェクトにフル活用している夢であり、夢なのか半分眠りながら思考していたのか区別がつかないような感じでした。

起き上がった私は、その場で夢の中で展開された内容をスマフォに記録し、その日の朝には、次図のような「価値デザインモデル図」を描き出し、それをベースにプレゼン資料まで一気呵成に作成したのです。

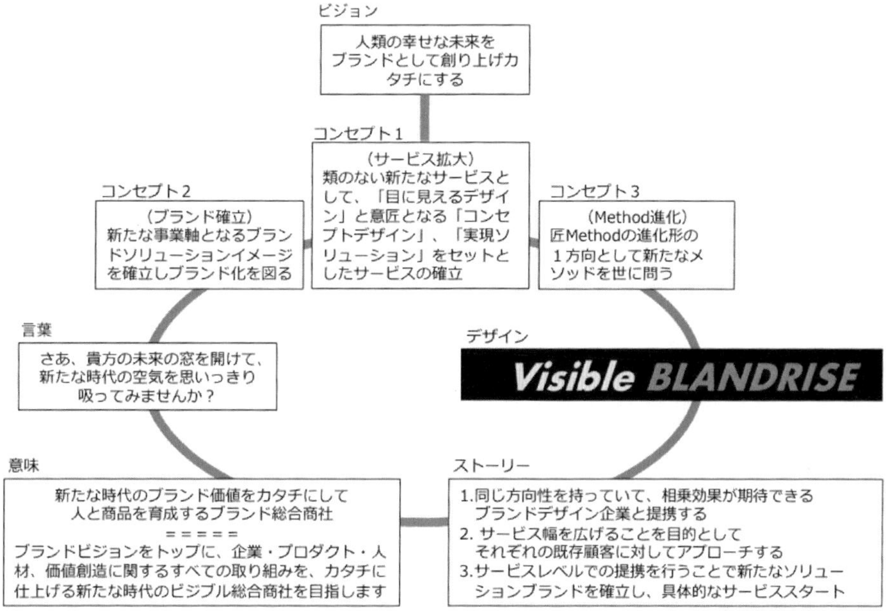

図 8.1　夢を描き出したブランドサービス・イメージ

私がこの日に見た夢は、これまで一度も見たこともない事業に関する非常にリアルな夢であったために、「価値デザインモデル図」もプレゼン資料もサラリと仕上げることができました。この構想は、図のように、「匠 Method の進化の1方向性として、新たにブランディング用のメソッドを策定し、世の中にない新しいブランディング・サービスを立ち上げて、それをブランド化する」というものでした。「世の中にない」とは、ブランドデザインからワンストップで活動のデザインまでを行うサービスやメソッドはまだ存在していないからです。

このような夢をなぜ見たのだろうかと私は考えてみました。元々匠 Method を活用した事業・サービスの企画プロジェクトのデザインには、活動の中にブランディングというテーマがかならず存在しています。実際のプロジェクトでは、ブランディングやそのデザインの作業まではタッチすることができず、お客様はブランディングや関連デザインを他社に発注するという実態があり、プロジェクトデザインとブランドデザインが分断された状況が続いていることが頭にあったからだろうと思います。匠 BP は、ブランドデザインの専門会社ではなく、このサービスは手つかずでした。

もう一つのきっかけは、その年の冬に17年ものつきあいになる F-INC. の萩原代表と、当社のロゴデザインをお願いしている屋山氏と、3人で新年会を開いた折に、萩原氏から匠 Method に関心があり、「進行中のブランディングのプロジェクトに実験的に当てはめたところ、有効性が高いことが分かった」という話を聞いていたこともあったのかもしれません。F-INC. の萩原氏とは2000年の出会いの頃から、方向性が近く、お互いにアプローチの大きな事業をやっているという認識があったので、いつかはこういう時がくるのだろうと思っていました。

皆の夢となった（5月）

5月の匠 BP の月例会議に社員の前で、このブランドサービスとブランドサービスメソッドの構想を話しました。正直にいうと「また、何をぶっ飛んだことを」と思われるのではと不安でしたが、その場で全員が賛同してくれて、是非進めようという話になり、すぐさま萩原氏に連絡しました。新事業の話をあの夢当日に書いたプレゼン資料とともに説明すると萩原氏も大賛成。

「匠 Method をベースとしたブランディング・サービスとメソッドを是非創りたい。2社で連携して進めましょう」という話となり、早々にサービスデザインチームが立ち上げられたのです。

このデザインチームは、次のような2社の合同メンバーにより構成されました。

F-INC.		匠BP	
萩原　房史	事業責任者	萩本　順三	事業責任者
多久和功一	ブランドデザイナー	山形友佳子	サービス企画メンバー
萩原　拓人	ブランドプランナー	田中　豊久	サービス企画メンバー
櫻井　純男	コピーライター	篠原　幸太	サービス企画メンバー
		大野　三郎	サービス企画メンバー

サービスデザインチーム　合同メンバー

こうして、「ArchBRANDING プロジェクト」がトントン拍子に立ち上がっていきました。

プロジェクトの進捗

「ArchBRANDING サービス」を立ち上げるプロジェクトは次表のように進められていきました。進めば進む程、参加メンバーのワクワク感が高まる印象がありましたが、同時に、メンバー間で互いに使う言葉が同じでも概念が異なることや、異なる言葉を使って同じ概念を指していることが数多くありました。これは、参加メンバーが、同じ方向を目指しつつも、ブランディングとITプロジェクトデザインという異なる畑で育ってきたことによるギャップが主な要因でしょう。このギャップを解消し、知識を融合させることで、未来のあるべき姿をデザインしていこうという意欲でプロジェクト進めていきました。それは匠Methodの「見える化」を実行しながら少しずつあるべき姿を創り上げていくような活動でもありました。

回数	内容	説明
5月 第1回	プロジェクト構想の説明	プロジェクト構想と目的を話し、メンバーでフリー・ディスカッションを行う
5月 第2回	価値デザインモデル図の作成	どのようなサービスを創るのか、想いの共有を図る
6月 第3回	価値分析モデル図の作成	ユーザ価値は何か、どんな所に貢献できるのかを見える化する
6月 第4回	価値デザインモデル（外部）の作成	ユーザ価値中心のデザインを終えた後に、価値デザインモデル図をユーザ価値視点で見直しをかけて、ユーザ視点を強化した価値デザインモデル図（外部）を作成する
8月 第5回~6回	ブランドコンセプト体系の策定	価値デザインモデルと価値分析モデルを基にサービスイメージを膨らませブランドコンセプト体系を策定する
9月~11月 随時	ブランドデザインの プレゼンテーション	ブランドコンセプト体系で示したものをブランドデザインメンバーにより作成された実際のデザインのレビュー
9月 第7回~8回	要求分析ツリー図の作成	２つの価値モデルを基に、要求分析ツリーにより戦略と戦略達成のための業務と活動を見える化する
10月 第9回	ゴール記述モデル図の作成	活動について、何を、いつからいつまで、どうする、目標と目標値といったプランニングを行う
11月~12月	サービスプロセスのデザイン	ブランディング・サービスを行うために２社合同チームのプロジェクト構成とプロセスを見える化する
11月~12月	業務プロセスのデザイン	お客様とワンチームでどのようにブランド創りを行っていくかチームと成果物の具体的内容を明確にする
11月~12月	メディア戦略活動の具体化	Ｗｅｂサイトの内容、連載記事、インタビュー記事等々、１２月のプレスリリスと1月からのサービス・ローンチを目指して活動のロードマップと実施状況を共有する

表 8.1 「ArchBRANDING サービス」プロジェクトの進捗

プロジェクトアウトプット事例

プロジェクトの中でアウトプットした内容について、抜粋して紹介しましょう。

事業とサービスの見取り図（第１回）

２社がどのような事業を展開していて、どのように連携するかという見取り図を各メンバーで共有し、ディカッションを行いました。

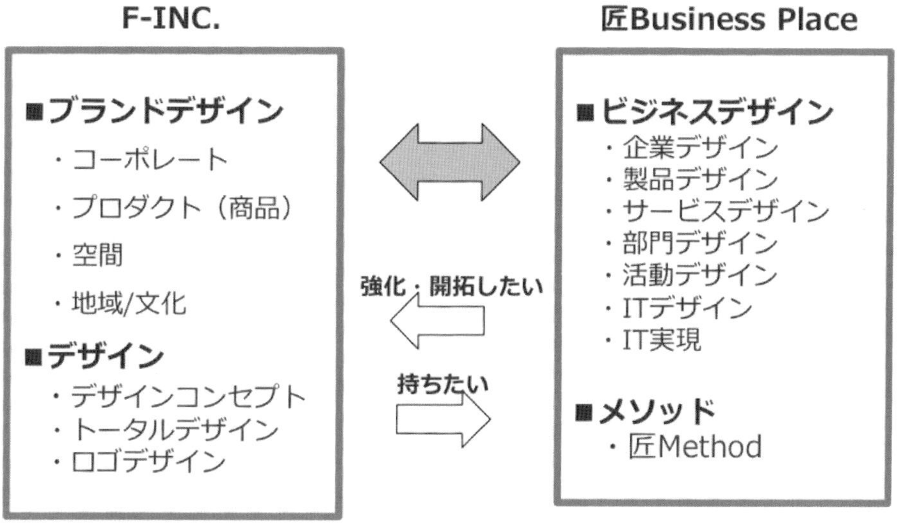
F-INC.
■ブランドデザイン
・コーポレート
・プロダクト(商品)
・空間
・地域/文化
■デザイン
・デザインコンセプト
・トータルデザイン
・ロゴデザイン
強化・開拓したい
持ちたい
匠Business Place
■ビジネスデザイン
・企業デザイン
・製品デザイン
・サービスデザイン
・部門デザイン
・活動デザイン
・ITデザイン
・IT実現
■メソッド
・匠Method

図8.2　2社の事業イメージ

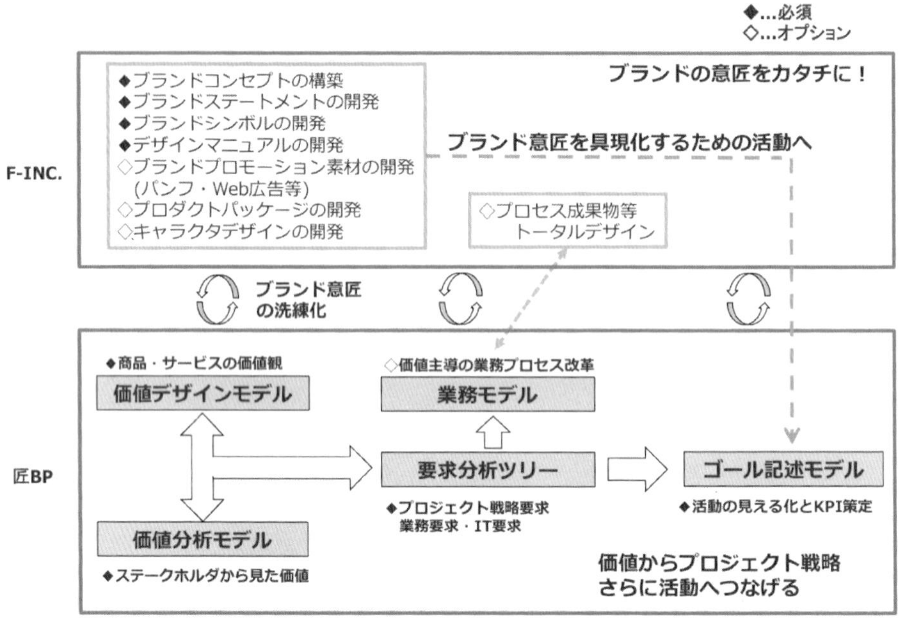

図 8.3 サービス連携の見取り図

「価値デザインモデル図」（内部用）の作成（第２回）

第１回のセッションで、サービスイメージがある程度見えてきて、このサービス連携こそブランディングの新しい姿になるということをメンバーで共有しました。その想いを基にして見える化を進めていきました。実際には、チームメンバー全員で付箋紙に考えを書き出し、模造紙に張り付けていき、手法の説明や、より良いモデル図を作成するノウハウと進行については、ファシリテーターがその役割を担いました。

最初に「価値デザインモデル図」を作成しました。この図は、のちに「内部用」となります。内部用に変化した理由は、F-INC. と匠 BP の２社の内在的な想いが中心となったモデル図であったからです。外部用の「価値デザインモデル図」は第４回に作られることとなります。

ちなみに、次図中の「デザイン」の領域にあるロゴは、この段階では萩原氏による手書き（アーチのイメージと ArchBRANDING の字体）のものでした。図中ではのちのデザインプレゼンで決定したロゴデザインに置き換えています。このように、「モデル図」は、後の活動で作られた図やデザインによりフィードバックされることによって洗練化されていきます。

なお、匠 Method for BRANDING では、モデルのことをモデル図と呼び、価値デザインモデルのコンセプトをバリューに改名しています。

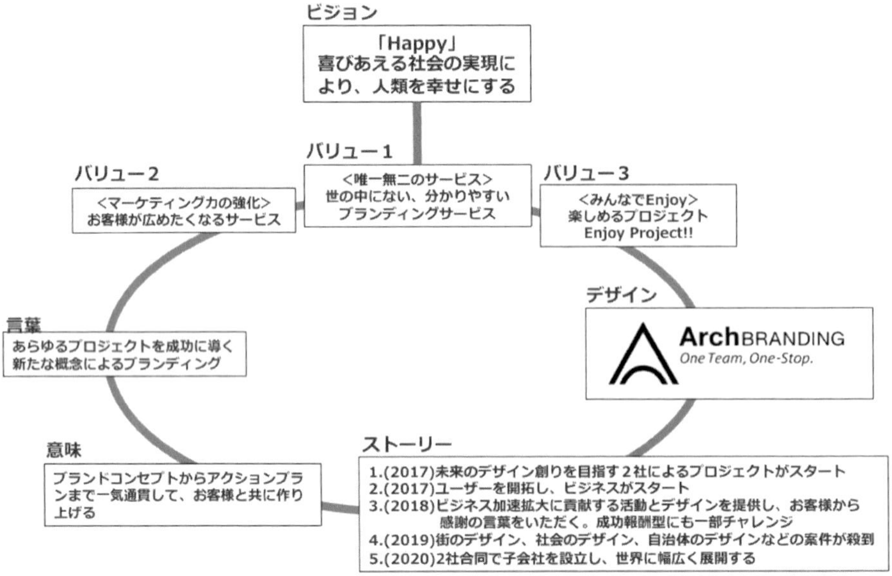

図 8.4　価値デザインモデル（内部用）の作成

「価値分析モデル図」の作成（第3回）

まず、ステークホルダーを洗い出しました。ステークホルダーには、最終顧客（カスタマー）を必ず入れるようにしなければいけません。また、未来の顧客（モデル上ではそのまま「未来の顧客」とした）を置いて「ブランド価値」に対する「新たな価値」を考えていきました。「価値記述」は先に説明したように、手段と価値をセットにした嬉しいシーンをステークホルダーごとに多面的に文章化して、構成を進めました。

最後の作業となった「プロジェクト目的」は、新たなサービスを起こすための「目的」を確立するということです。「価値記述」との対応付けによって、足りない「価値記述」を考えたり、手段的な「目的」を排除したりしながら、参加メンバーのサービスに対する価値観の共有と、プロジェクト戦略として重要な目的の照準を定めていくことができました。

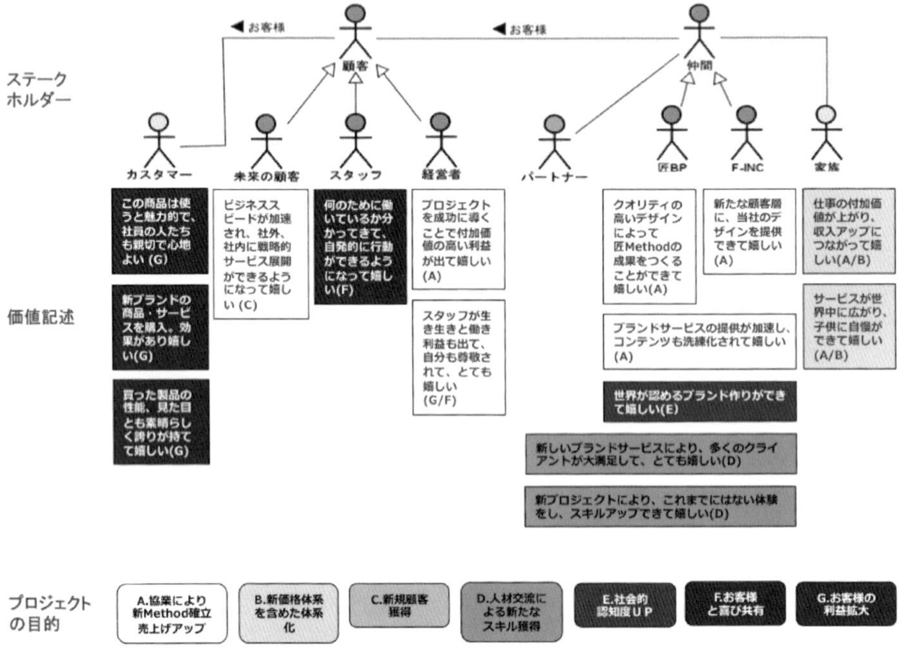

図 8.5 価値分析モデル図の作成

「価値分析モデル図」作成（外部用）（第４回）

ブランディングを策定するには、自分達の強い想いだけに立脚するのではなく、ユーザー視点の価値を持って考える必要があります。このことは、「価値デザインモデル」を作成する時から意識はしているのですが、事業に対する変革要素が高ければ高い程、自分達の取り組みが中心となってしまうのも事実です。そのようなことを議論し合いながら、当初作成した「価値デザインモデル図」を振り返ってみると、視点が自分達の中心にあることに気が付きます。ストーリーも自分達がビジョンに到達するためのものとなっています。「匠 Method for BRANDING」では、この気づきを得た段階で、もう一枚「価値デザインモデル図」を作成するようにします。この２枚はそれぞれ次の段階で有効となります。

次に示す、新たな「価値デザインモデル図」は、ArchBRANDING サービスを活用するユーザーの視点で書かれたものです。これを「価値デザインモデル図（外部用）」としました。このモデル図を作成することで、参加メンバーの「自分達を良くしよう」という想いの大前提として、「お客様をハッピーにしよう」ということが何より大切なのだということが明瞭になり、セッションの中でしっかり共有化が図れました。

このような特性のある「価値デザインモデル図（外部用）」は、ステークホルダーの価値のデザインの後、つまり、「価値分析モデル図」を整えた後に作成することによって、より質の高い「モデル図」となるでしょう。

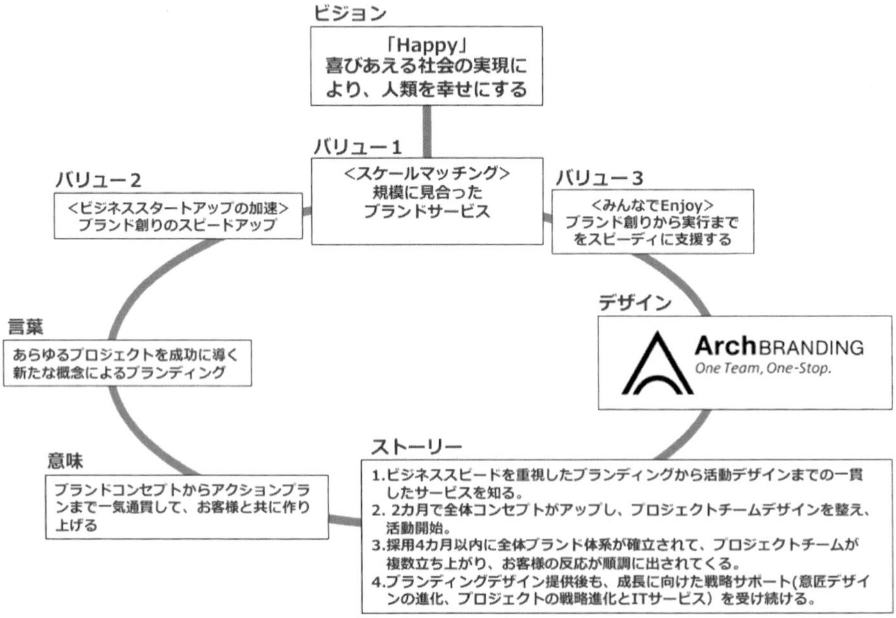

図 8.6　価値デザインモデル図（外部用）

ブランドコンセプト体系の作成（第５回〜第６回）

「価値デザインモデル（外部）」と「価値分析モデル」により「意志（Concept）」の見える化を図りましたが、これをブランディング・プロジェクトとしての「表現（Design）」と「活動（Action）」につなげるためには、もう一つの工夫が必要でした。それはF-INC.がブランドデザインを実行する上で、要素を充実させることです。そこで、「匠 Method for BRANDING」で新たに採用されたのが「ブランドコンセプト体系」です。

ブランドコンセプト体系とは、「価値デザインモデル図」と「価値分析モデル図」を使ってプロジェクトメンバーの「意志」が明確化されていく中で、さまざまなことが概念化されていきますが、その根幹ともいえる本質をシンプルなワード（言葉）とデザイン（図）にしてまとめていくものです。

そもそも「ArchBRANDING」が考えているブランディングの概念は、ブランドという概念によって獲得される価値の本質であり、根幹でもあるものです。しかし、ブランディング・サービスの形式知として、そのことが明確となっていないと私は感じていました。

これを形式知にするには、ブランディングとエンジニアリングという２つの文化の共通点の融合を図ることだと、このプロジェクトを始める頃から感じていました。それには「デザイン」と「意匠」という言葉に重要なヒントがあると直観的に思えたのです。

《いしょう・意匠》という言葉について

《いしょう・意匠》

＜小学館デジタル大辞泉＞

1.絵画・詩文や催し物などで、工夫をめぐらすこと。趣向。「舞台照明に意匠を凝らす」
2.美術・工芸・工業製品などで、その形・色・模様・配置などについて加える装飾上の工夫。デザイン。
<三省堂大辞林 第三版>
工業生産物に，型や模様等を付し，人の嗜好に合うように工夫したものを指す。意匠を保護し，意匠の創作を奨励し，産業の発展を図ることを目的として制定された法律に意匠法（1959公布，60施行）がある。意匠の登録により発生する意匠権は，工業所有権の一種であり，広くは無体財産権の一種とされている。同法によれば，意匠とは，物品の形状，模様もしくは色彩またはこれらの結合であって，視覚を通じて美感を起こさせるものをいう（2条1項)。

意匠とは、一般には装飾、図案などを意味し、英語のデザイン（Design）の訳語であります。しかし、私の捉える意匠の意味はデザインだけではなく、デザインも含めた何らかの目的を達成するための「意志の概念」があるのだと思えました。

辞書の説明から思うのは「デザインは意匠といえるが、意匠はデザインとはいえない」ということです。私は、この「意匠」という言葉に心を引かれました。意匠はデザインを超越して、人の感じる価値の根源を示している言葉だと思ったのです。また、意匠という言葉は、匠Methodで目指してきたブランドの概念に近いのではと考えたからです。つまり、「表現(Design)」と「活動(Action)」というものを生起させる魂が「意匠」ではないかと思ったのです。これは「五感を通じて美感を起こさせる」デザイン領域に限ることではありますが、そもそも五感を通じて美観を起こさせるというのは人間としての本質とも言えるものであり、未来の社会やビジネスを「素敵にデザインすべき」という私の考えに一致するものです。

このような「意匠」についての議論をArchBRANDINGプロジェクトメンバーとともに深め、展開することになりました。デザイン業界では「意匠＝デザイン」というように了解されていることが大半であることも知りました。しかし、メンバーで話し合っているうちに考えが少しずつ整理され、お互いが共感できる図が誕生したのです。それが「意志」「表現」「活動」の図です。これは萩原拓人氏からの提案が基となっています。元の「意匠」を「意志」に変えたのは、意匠という概念を全ての活動に適用可能にして、広く解釈するための工夫です。

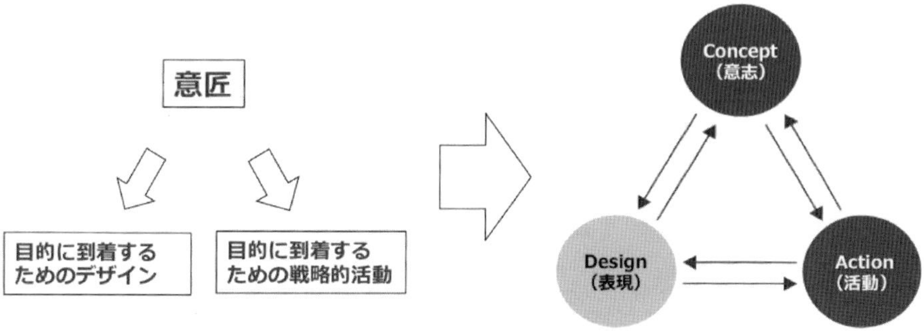

図 8.7 「意志」「表現」「活動」の図の誕生

ところで、この原稿を書きながら「意匠」の語源を調べるために、ネットを検索しているとデザインディレクターの川崎和夫氏（大阪大学名誉教授）のサイトにたどりつきました。（http://www.kazuokawasaki.jp/kk/9_designlang2.php?cid=2&del=1）川崎氏のこの感性や考え方には触発されるものがあり、私の考え方、目指す方向と一致していると感じました。

「価値デザインモデル」や「価値分析モデル」を作成していく中で、私たちのチームに特に大切なものとして共有できたのは、品質を落とさずビジネススピードに追従できるブランディング活動ということでした。そのためには「匠 Method for BRANDING」のモデル図をお客様と一緒にワンチームで作成することと、「価値デザイン」から「活動計画」までをワンストップで行うことが非常に重要であることをチームメンバーが互いに理解し合いました。

それは、まさに2つのものをつなぐ関係性であり F-INC の . 萩原房史氏はそのことを表す次のような絵をホワイトボードに描き始めました。この絵を基に、アーチを象ったロゴデザインを作りあげることになりました。このロゴデザインの裏にある意味は、「私たちの２社の共創」、「お客様と私達の共創」、「お客様との成果を通して社会により良い橋を架ける」、「表現（Design）と活動（Action）の架け橋」を表しています。

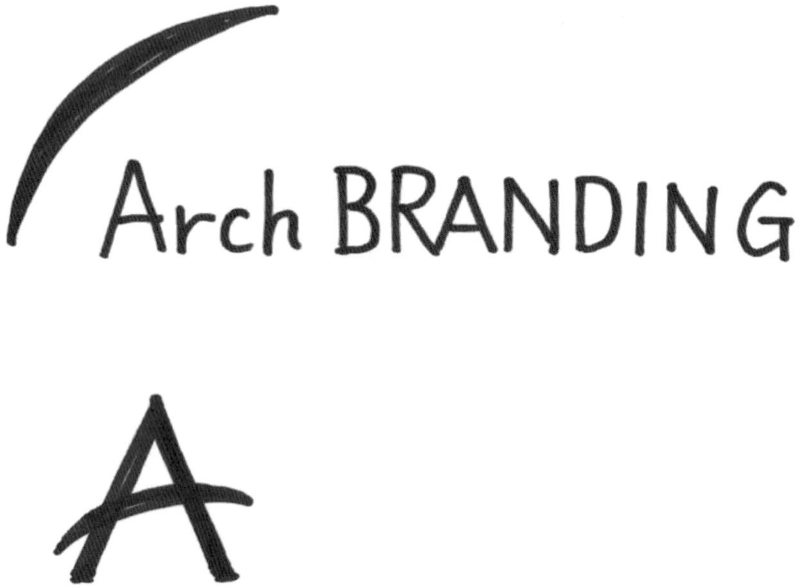

図 8.8　萩原氏が描いたロゴイメージ

「価値分析モデル図」と「価値デザインモデル図」の内容と、その作業過程で作られてきたホワイトボードの図や言葉を基に下図のようなブランドコンセプト体系を作成します。

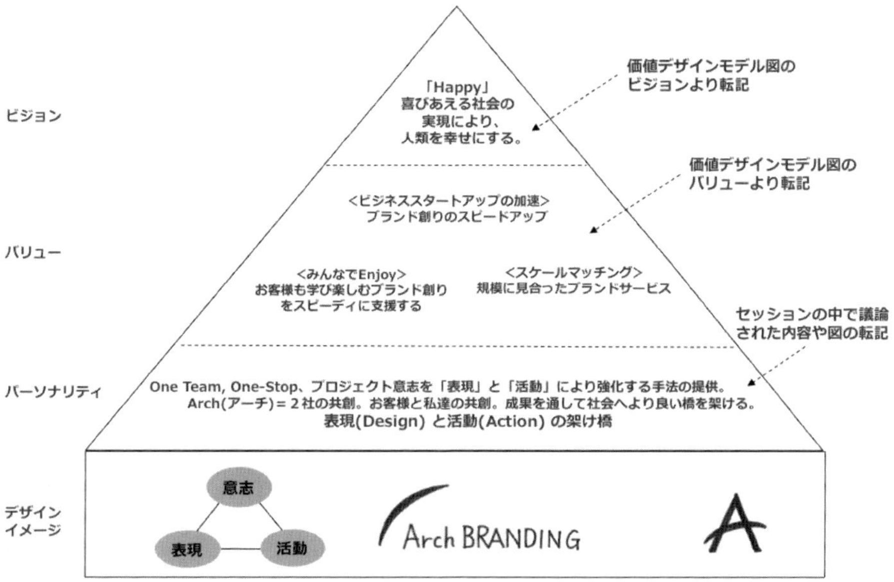

図 8.9　ブランドコンセプト体系

ここで2つの「価値モデル（価値デザインモデル図、価値分析モデル図)」とブランドコンセプト体系の関係性について説明します。

次図のように、2つの「価値モデル（価値デザインモデル図、価値分析モデル図)」は「表現」、「活動」につなげる上位要素としての役割を担うことになります。一方、ブランドコンセプト体系は、ブランドデザインを創りだすことにフォーカスしているというところに特徴があります。ブランドデザインを実施するメンバーも2つの「価値モデル」の策定の時点から参加しているために、ブランドデザインの成果物は、この3つの図により展開された内容すべてが活用されることになるのです。

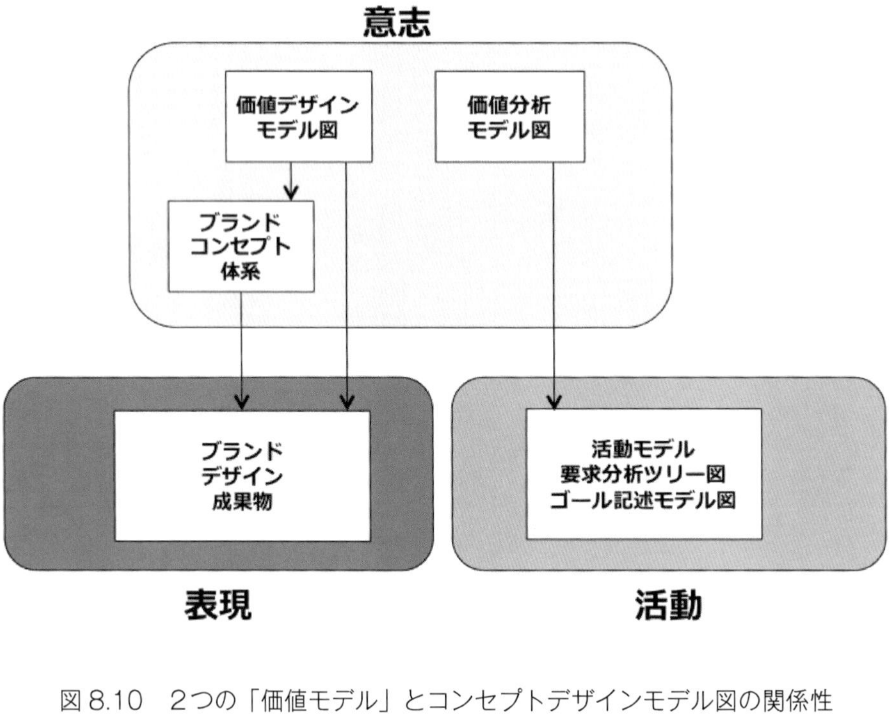

図8.10　2つの「価値モデル」とコンセプトデザインモデル図の関係性

ブランドデザインのプレゼンテーション（9月より随時）

ブランドコンセプト体系としてまとめた言葉やイメージ図を基に、多久和功一氏を中心としたブランドデザインメンバーで、具体的なブランドデザインに着手しました。ブランドデザインはセッションとは別途の作業として進行し、並行して「活動」としての要求分析ツリー図の作成等を行いました。

この時期に設定されたブランドデザインのプレゼンテーションでは、一つのブランドコンセプト体系から発想しながら、複数のデザインの方向性が検証され、さまざまなデザインアイデアが提出されてきました。デザイナーがクリエイティビティを最大限に発揮することで、一つの「意志」から複数のアイデアを抽出し、着地させせることができたのではないかと思います。まさにプロの領域の仕事です。その数十点のデザインイメージから最適とおもわれる最終決定を行っていきました。参加メンバーが複数で簡単には決定できないのではと危惧しましたが、「バリュー」、「パーソナリティ」などの考えをもとに評価、判断することで、積極的な意見を交わし、スムーズに最終決定にたどり着きました。

ブランドシンボルとして選ばれたデザイン（抜粋）を次図に示します。これらは、ブランドデザインマニュアルと一緒に提供されて、Webデザインやパンフレットなどで展開されることになります。また、「価値デザインモデル図」の言葉などはキャッチフレーズとしてArchBRANDINGのWebサイトに組み込まれました。

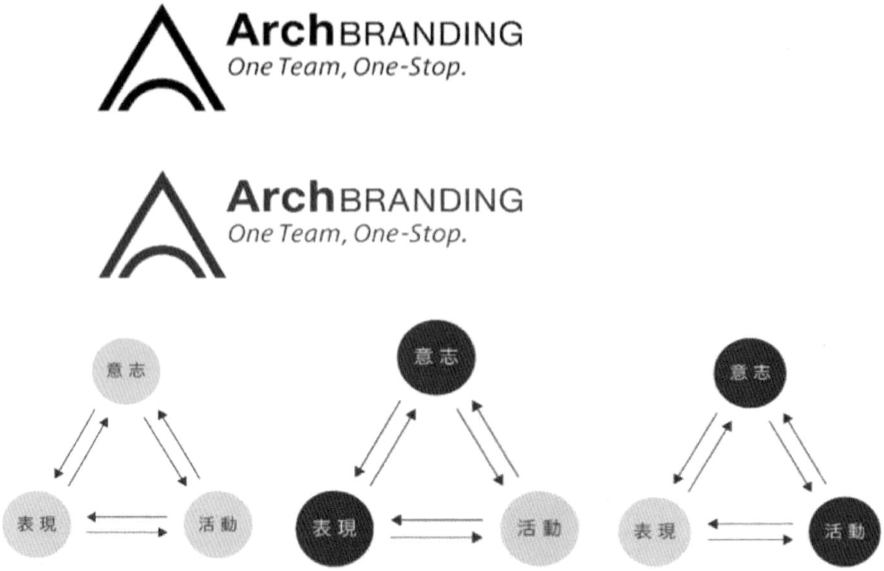

図 8.11　ブランドシンボル例

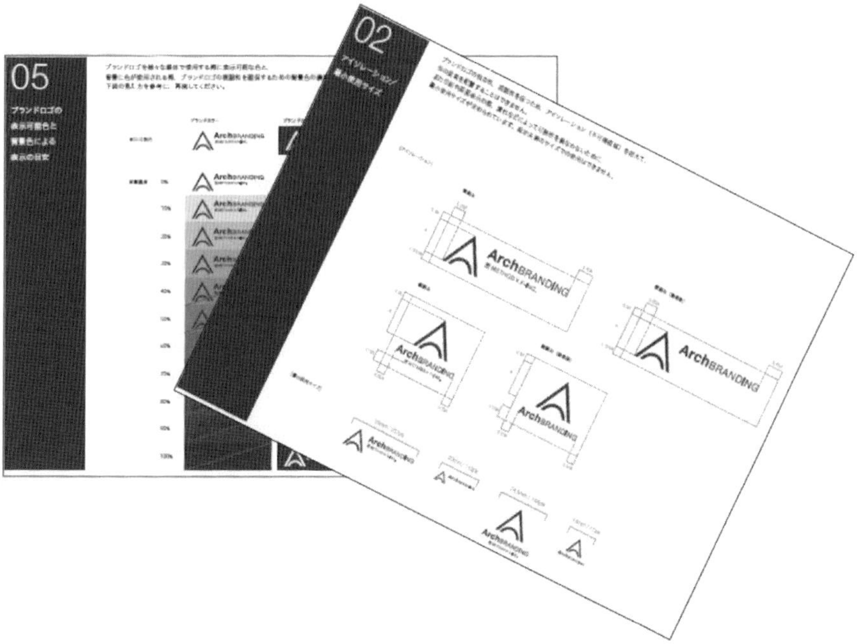

図 8.12　ブランドデザインマニュアル例

要求分析ツリー図の作成（第７回〜第８回）

「要求分析ツリー図」は、「意志」として記述された要素を基にして「戦略要求」と「業務要求」をデザインするものです。

「要求分析ツリー」は次のような図となります。まず「戦略要求」の第１レベルと第２レベルは、「価値デザインモデル図」のビジョンとバリューにより作成されます。また、「価値分析モデル図」の「プロジェクト目的」を第３レベルに置きます。

「業務要求」は、「戦略要求」を達成するための業務として行うべき課題を言葉化したものです。「戦略要求」と「業務要求」を定着させたのち、それぞれの要求を満たすための「活動」の内容を優先度を考慮しながら配置していきます。

図中の「活動」にある「出版」とは、本書の発刊（BIZ/ZINEの連載を含む）を示しています。「要求分析ツリー」は、2017年12月のWebページ新設まで継続的にブラッシュアップされていくことなりました。

この後、第9回では「ゴール記述モデル図」を作成しました。「要求分析ツリー」の「活動」項目を優先順に並べ替え、それぞれの活動の「開始日・終了日・活動内容・目標と目標値」を記述することで具体的な活動が浮かび上がってきます。この図については割愛します。

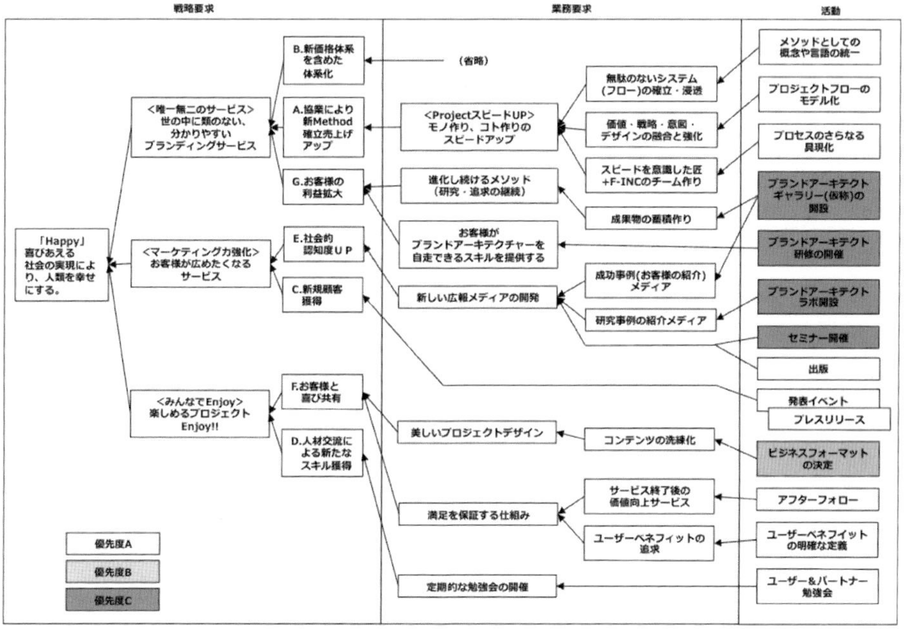

図 8.13　要求分析ツリー図

サービスプロセスと業務プロセスのデザイン（11月～）

これは、ブランディング・サービス提供のための業務プロセスと、成果物の具体内容と連携を明らかにするもので、「要求分析ツリー」の「活動」に記載されている「プロジェクトフローの具体化」と「ArchBRANDINGプロセスの更なる具現化」に対応する実際の活動の結果（アウトプット）となります。「ArchBRANDINGのブランド策定プロセス」などをメンバーで話し合いながら見える化していきました。

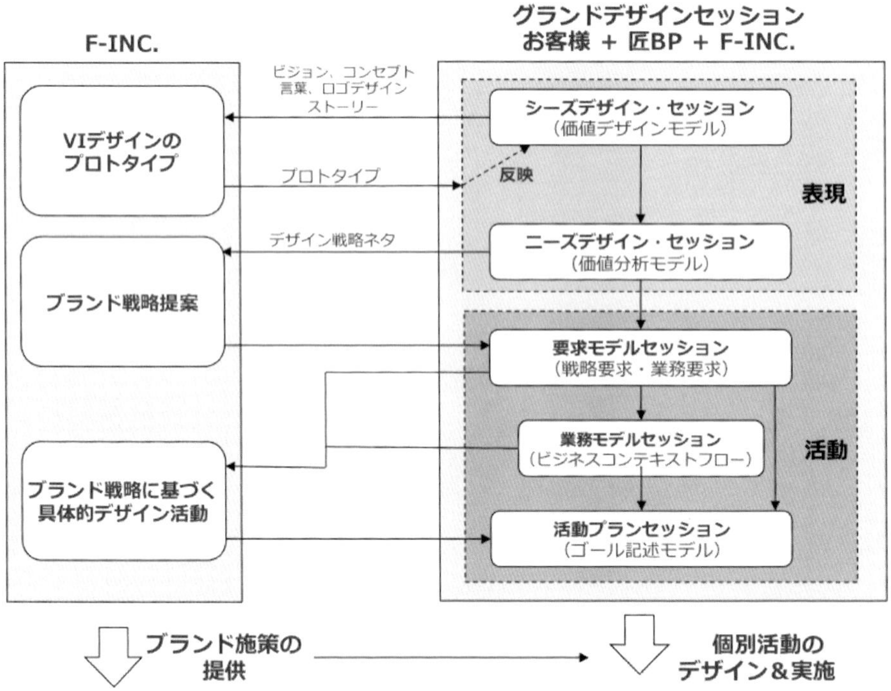

図8.14　ArchBRANDINGのブランド策定プロセス

「価値デザインモデル図」の変更

サービスプロセスデザインと業務プロセスデザインにおいて大きな課題となったのが「要求分析ツリー」の「活動」でも取り上げている「メソッドとしての概念や言語の統一」というものでした。これは言葉が指し示す概念のズレを解消することですが、最初はあまり気づかずにいました。それは、ブランドデザインとシステムデザインという業界文化の違い、あるいは個人の言葉に対する解釈の違いによるものでした。言葉の意味について、お互いに都合のよいように解釈していたので、微妙なズレに気づかなかったのです。

たとえば、ブランディング業界におけるコンセプトとは、ブランドコンセプト体系全体のことを示している場合が多いようです。しかし、匠 Method のコンセプトとは「価値デザインモデル」のコンセプトすなわちビジョンを達成するための3つの構想のことに限定しています。

このような、抽象概念を指す「言葉」の統一の必要性を話し合いよって明らかにしていきました。その結果、「匠 Method for BRANDING」では、「価値デザインモデル図」の「コンセプト」を「バリュー」に変更することにしたのです。

この変更は、ブランディング概念上使われている「コンセプト」と区別し、「顧客価値」をより意識した意味合いがあります。

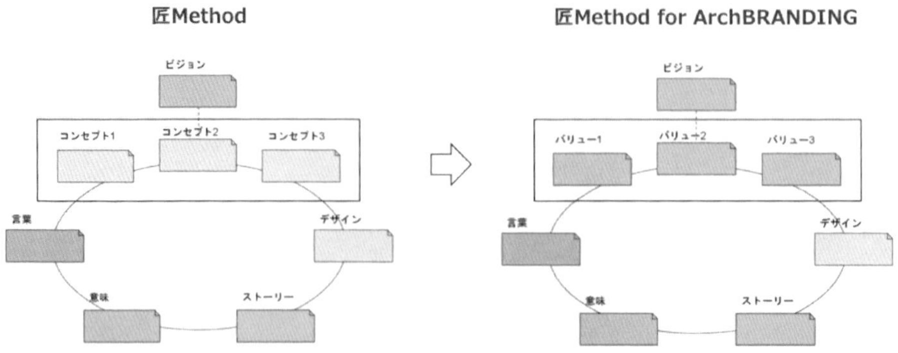

（変更点）
「コンセプト」を「バリュー」へ名称変更
図示の構想は同様だが、匠Method for ArchBRANDINGはブランドプロジェクトなので「顧客価値をもたらす構想」という色彩が濃く「バリュー」を採用
（変更目的）
これまでのブランディング概念の「コンセプト」と区別する

図 8.15 「価値デザインモデル図」の変更点

ここまで、ブランディング策定の事例を私たちの ArchBRANDING サービス作りの経緯としてご紹介しました。

この「物語」を通して、匠 Method for BRANDING のモデル図や大まかな作成の流れについてご理解いただけたでしょうか？

実際には、第 7 章で説明したようなプロジェクトチームとプロセスを通して進めていくことになります。匠 Method for BRANDING は現在も改変改善を繰り返しながら日々進化しているところです。その内容と、成功事例については、次のタイミングでご紹介したいと思います。

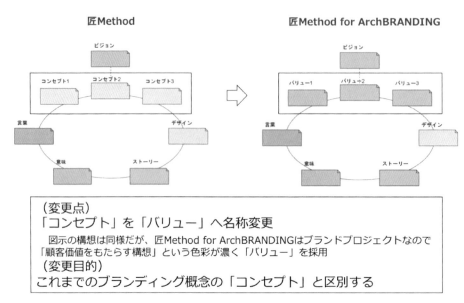

謝辞

この本は、これまで私を育ててくれた多くの方々との出会いがなければ存在しえなかった。ソフトウェア業界で切磋琢磨してきた永和システムマネジメントの平鍋 健児さんをはじめとするオブジェクト指向技術などのソフトウェア工学を愛する方々、匠 Method の基礎を共に築いた要求開発アライアンスの理事の皆さん、職場における旧先輩や後輩の方々に感謝している。

また、匠 Method の啓蒙の場である匠道場、匠塾、匠 Method Value Metrics 研究会、そして、匠 Method を愛する多くの企業ユーザーの方々。これらの方々によって匠 Method は現場で進化することができた。そのことに深く感謝したい。

さらにこの本を書く前段階で Biz/Zine で連載する際に原稿を読み多くの意見をいただいた匠道場の方たち（ビープラウドの佐藤治夫さん、マデールの土屋健一さん、NTT コムウェアの濱井和夫さん、アクティアの高崎健太郎さん、匠 BP の大野 三郎氏）に感謝したい。

また、本を書くきっかけとなった ArchBRANDING チームのメンバーに感謝している。特に、F-INC. 萩原 房史さんは ArchBRANDING 構想段階から、サービス策定、書籍原稿のイメージ図、原稿チェックまで行っていただいたことに深く感謝する。萩原さんとの出会いがなければ私がブランディン・グサービスやブランディング関連の書籍を書くことはなかった。週末の時間を犠牲にして最後まで原稿チェックと意見をくれた、匠 BP の田中 豊久氏も感謝している。

また、慶應義塾大学大学院 SDM（システムデザイン・マネジメント）研究科の西村秀和教授には、授業を通して匠 Method を学生に展開させていただくと同時に多くの議論を重ね、本書の初稿に対するご意見もいただいた。当麻哲哉教授とも SDM の手法との連携方法等、様々な議論の中で多くのことを学べたことに感謝している。私がデザイン思考、システム思考という言葉を使っているのは、SDM の授業や合宿研修の講師をやっている中で影響されたものである。

早稲田大学理工学術院の鷲崎弘宜教授にも授業で匠 Method を教えるチャンスをいただき感謝している。社会に出ていない学生達が匠 Method によりビジネスや学生サークルの企画を行う中、「価値」や「戦略」といった概念を理解し、気軽に使い熟している姿を見て、匠 Method が日常の考え方にも使えるという確信を得ることができた。そして、その感覚がブランディングのエッセンスの解説に役立っている。

最後に、この本を書くきっかけをいただき私の稚拙な文章に最後までお付き合いいただき、この企画で書籍作成を進めていただいた翔泳社の京部 康男編集長に感謝する。

2018 年 3 月 31 日　萩本　順三

【著者プロフィール】

萩本順三 株式会社匠 Business Place　代表取締役社長

1997年　オブジェクト指向開発方法論Dropを自ら作成して一般公開、開発で活用し始めた頃から自分の天職はメソドロジストであることを強く意識し始め、次はビジネスのメソッドを作ることを考えていました。2000年に仲間と豆蔵を立ち上げ、要求開発方法論(Openthology 0.6)の初版を書き下ろし、その後要求開発アライアンスメンバーと共に書籍「要求開発（日経BP)」にて要求開発方法論(Openthology 1.0)を公開しました。
2008年　新たに匠BusinessPlaceを起業し、要求開発をベースとして、ビジネス企画メソッド「匠Method」を作りあげ、価値のデザインから要求を導き出し活動につなげる手法として継続的に進化させ、ビジネス企画、製品企画、業務改革、プロジェクトデザイン、部門デザイン、キャリアデザインなどのコンサルティング・教育活動を通して匠　メソッドの活用領域を広げてきました。

　現在は、未来の社会をデザインする若手層の育成に力を入れるため、匠Methodとその精神について、匠道場、匠塾、匠女子会などのコミュニティや、慶應義塾大学大学院SDM研究科、早稲田大学　理工学術院の授業を通して教えています。

本書内容に関するお問い合わせについて

このたびは翔泳社の書籍をお買い上げいただき、誠にありがとうございます。弊社では、読者の皆様からのお問い合わせに適切に対応させていただくため、以下のガイドラインへのご協力をお願い致しております。下記項目をお読みいただき、手順に従ってお問い合わせください。

●ご質問される前に

弊社Webサイトの「正誤表」をご参照ください。これまでに判明した正誤や追加情報を掲載しています。

正誤表　http://www.shoeisha.co.jp/book/errata/

●ご質問方法

弊社Webサイトの「刊行物Q&A」をご利用ください。

刊行物Q&A　http://www.shoeisha.co.jp/book/qa/

インターネットをご利用でない場合は、FAXまたは郵便にて、下記“翔泳社 愛読者サービスセンター”までお問い合わせください。電話でのご質問は、お受けしておりません。

●回答について

回答は、ご質問いただいた手段によってご返事申し上げます。ご質問の内容によっては、回答に数日ないしはそれ以上の期間を要する場合があります。

●ご質問に際してのご注意

本書の対象を越えるもの、記述個所を特定されないもの、また読者固有の環境に起因するご質問等にはお答えできませんので、あらかじめご了承ください。

●郵便物送付先およびFAX番号

送付先住所 〒160-0006　東京都新宿区舟町5　FAX番号 03-5362-3818

宛先（株）翔泳社 愛読者サービスセンター

※本書に記載されたURL等は予告なく変更される場合があります。

※本書の出版にあたっては正確な記述につとめましたが、著者や出版社などのいずれも、本書の内容に対してなんらかの保証をするものではなく、内容やサンプルに基づくいかなる運用結果に関してもいっさいの責任を負いません。

※本書に記載されている会社名、製品名はそれぞれ各社の商標および登録商標です。

※本書ではTM、Ⓡ、Ⓒは割愛させていただいております。

協力：
株式会社 匠 Business Place
株式会社 エフインク

Editorial & Design by Little Wing

ビジネス価値を創出する
「匠Method《メソッド》」活用法

2018年4月20日　初版第1刷発行（オンデマンド印刷版 Ver.1.0）

著　　者　萩本《はぎもと》 順三《じゅんぞう》
発 行 人　佐々木 幹夫
発 行 所　株式会社翔泳社（https://www.shoeisha.co.jp）
印刷・製本　大日本印刷株式会社

本書へのお問い合わせについては、155ページに記載の内容をお読みください。
造本には細心の注意を払っておりますが、万一、落丁や乱丁がございましたら、お取り替えいたします。03-5362-3705までご連絡ください。

ISBN978-4-7981-5728-3　Printed in Japan